時尚，
只是女人的態度

以穿搭展現自我，
知名部落客凱特王最具個人風格的生活主張

BY KATE WANG

content

k ——— | 當我 60 歲時翻起這本書不知道是什麼感覺?

文字一直都是自己與內心世界溝通的媒介,而時尚是我的工作與興趣。從沒想過這兩者的結合會意外的合拍,而且有人喜歡。默默地寫了幾年,默默地拍了很多照片臭美自己,默默地有人成為你的讀者。外界給做這件事情的人一個時髦的稱呼叫做——「時尚部落客」。

我懷疑過這個稱呼是不是真如字面上聽起來這麼時髦?懷疑過自己寫的散文究竟存在什麼價值?即便所有來自讀者的反饋都是正面且感人的,我依然會在回頭看那些照片與文字時莫名的紅了臉,直至熱了耳根的深處。

或許真正因此變得更好的人是我才對。

如果你曾經被我寫的某篇文章顛覆過原有的價值觀,喜歡過我某天身上的穿搭進而激發出對自己搭配的靈感,那麼請你繼續用這樣的心情對待這本書。在睡前隨手翻閱一下,然後明白在通往精緻優雅

又獨立自主的女性生活的路上，你從來就不曾孤單。

感謝時報出版總編輯周湘琦小姐以及負責此書的責任編輯林巧涵小姐。沒有她們的協助，出版此書對我而言將是一個遙不可及的夢想，而如今卻實現了。感謝某人、我的家人、北京攝影師好友石子萱 Angela Pliego Shi、曹乙遲，台灣攝影師鄭豐獻（V.T studio）。

最後謝謝購買此書以及網路上支持我的讀者朋友。當 60 歲時翻起這本書，也許只有對你們的感情不會隨著物換星移。而我，曾經是如此幸運的人。

凱特王
2016.01.25

造 型 師 這 個 職 業 是 美 好 的？

能做著「讓別人羨慕的工作」這件事本身就值得付出。
它不存在後悔，如果你會後悔都是因為你對自己還不夠狠。

k —— 為什麼走上造型師這條路？

從事化妝造型師之前，我是一名平面設計。跟許多女孩一樣，喜歡打扮，追逐時尚，羨慕過造型師這個職業。設計工作做了七年之後，眼看而立到來，我開始思考並打算重新規劃接下來的職業生涯。當時對造型工作充滿憧憬與熱情，便將此列為目標。

轉行的決定沒有考慮太久，先是利用下班時間找了新娘秘書課程學習，從最基礎、門檻也相對較低的技術開始練習。假日跟著老師實習也慢慢自己接些素人的造型工作。一年之後評估過各種可能，辭掉設計，正式踏入這個行業。

一開始當然是不順利的。每個月都在幫新娘試妝卻不一定能接到案子，也由於是新人的關係，價錢總是很低。成立工作室加上採買各種飾品配件與耗材，漸漸花光積蓄，我必須接回以前的設計案子才能付得出房租與生活費用。某次去雜誌社交插畫稿時，鼓起勇氣毛遂自薦給編輯，希望以化妝造型師的身分合作一次，從此打開我在雜誌的梳化經歷，也因為這個契機，才趕上台灣電子商務最蓬勃、

最需要大量化妝造型的時期。從 2005 ～ 2007 年，從一個案子也沒有到後來每日工作超過 12 小時，我終於初步實現了自己的夢想以及賺到人生的第一桶金。婚後，2008 年至北京工作，進入電視幕後當化妝師，才開始接觸藝人造型。

造型行業其實範圍很廣，不是只有娛樂圈。當初在設定時並非做藝人造型，而是從新娘秘書輾轉至雜誌梳化，然後網拍、電商都涉獵。如果熱愛造型工作，任何舞台都能讓你發揮並且發光發熱。夢想的實踐，首先都要考慮到自身的能力與發展的可能，唯一無法忽略的過程是「基礎」，甚至在往後的工作中，那也是非常重要的一部分。

k —————— 給想從事相關工作的你的建議

想像造型師的職業有多美好，它的背面就會有多現實多艱辛。我是清楚這個道理的，雖然遇到辛苦的任務時依然覺得很震撼，卻也因為結出的果實太碩大、太甜美，以至於你永遠都願意赴湯蹈火。

不管是化妝師、髮型師或造型師，從事造型相關工作需要高度的時尚敏銳度，高度的流行資訊吸收，高度的抗壓性，高度的耐力與體力，前置期很長卻不是一個會賺很多錢的職業。光有一顆熱愛時尚的心其實遠遠不夠，這個感觸只要你踏出第一步就會知道。由於什麼都是高壓高度的，因此容易讓人覺得疲累。我通常在感到疲乏的時刻給自己安排一趟旅行，若是無法抽出時間，則給自己一部電影或一本書的閱讀時間。而這些紓壓方式其實某種程度上也經常激發一些工作靈感。無論你從事什麼行業，懂得紓壓才能幫助自己有餘力更進步。

至於外界經常賦予造型行業光鮮亮麗的刻板印象，讓人以為造型師也如同明星，這一點確實有爭議。能站在螢光幕前的造型師都是少數，多的還是那些如同幕後工作人員般存在的造型師。有些為了工作方便，私下都穿得特別休閒，與光鮮亮麗根本沾不上邊。身在一個以貌取人的環境，如果僅僅只把自己的外表打理好卻忽略自身的專業，在這個圈子也是無法容許的。

此外，造型師工作也不是一個朝九晚五有著固定工作時間或休假時間的職業，甚至往往要付出大於基本工時很多很多。有些人在這個部分承受不了因此放棄了，我非常能夠理解。於是，能否積極樂觀的改變惰性，或者離開舒適圈，往往變成決定你是否能走上造型師之路的關鍵因素。況且犧牲的不僅是你個人，有時甚至牽扯到家庭或者愛情。例如在北京工作的這七年，我經常隨著藝人演出而輾轉中國各個城市，有時甚至是離開亞洲到世界各地。長期不定期的出差總會影響跟家人間的相處，因此信任和包容在一段關係中就顯得格外重要與必要。我認識好多造型師他們不是離婚就是依然單身，似乎在選擇這個職業的同時也等於選擇了某種程度上的飄泊。年輕時還好，越到中年越想趨於安定時可能就會是種煎熬。

無論是相關科系畢業或者轉行，實際經驗的累積與實習助理的工作對新人來說都很重要。造型是一個「眼裡要有活兒」的工作，教的有限，但能學的無限。最幸運的出道方式也許是能跟在一位大師的身邊當助理，久了便能自己出來幹活兒。但大師身邊未必總缺人手，也未必你就扛得起大師的種種折磨。很多助理做了五六年依然成不了氣候，幹了一天隔天就逃得無影無蹤的也多了去，可人世間總有一個恆久不變的硬道理，那就是「事在人為」。你若不替自己堅持，即便大師加持也於事無補。

這個圈子裡充滿各種有才華的人，接觸的越是深，越覺得造型行業迷人。身為其中的一員，當我回頭看過往那些經歷不管再苦再累，也從未有過後悔的一天。如果你有意願，歡迎加入！這個行業永遠需要過度熱情的人為它燃燒生命，然後以一種高姿態讓別人羨慕著。

Chapter 2.

除 了 時 尚， 來 聊 聊 別 的 吧 !

可可‧香奈兒女士說：

「我崇拜美，但是討厭所有僅僅只是漂亮的東西。」。

時尚是不是能成為一種態度而不是物質，

端看個人如何經營生活。

美若沒有智慧支持，就僅僅只是漂亮的東西。

00

時尚？時尚！

時尚是有高度的，所以才讓人崇拜著。
隨著門檻的開放與多元，時尚高度依舊存在，卻不再屬於某種階層的人。
它非但沒有沒落，反而因時代進步變得更加全面。

中文把 Fashion 翻譯成「時尚」。時，有當下、此時此刻或某一段時間的意思。尚，則是指崇高或品味卓越。不是說文解字，而是先基本了解一下時尚兩字最初的意涵也不錯。雖然目前時尚普遍用於形容服飾周邊，但其實它最初泛指的是一切與生活息息相關的事物。理解時尚不需要開高走高、裝模作樣，可也不要一副我不需要懂得的樣子。這畢竟是生活的產物，是人生中一種認定與追求。

有人說過：「時尚若沒有落實在生活，便毫無意義。」這句話對，也不對。伸展台上的衣服如果不能成為日常著裝，即使時尚，也沒

有用。從狹義的解讀來說是對的，但從廣義的解讀上卻沒有那麼正確。時尚的創造本來就是源自於生活，並用於生活，無論實不實用，它都跟生活有關。《穿著 PRADA 的惡魔》有段經典對話恰巧就是我對時尚與生活的解讀。在試裝會議上，眾人對兩條皮帶不知道該搭配哪一條時，Andy 偷笑出聲音，結果被 Miranda 狠嗆：「比如你從衣櫃挑了那件臃腫的藍色毛衣，來告訴全世界你很嚴肅以致於無心打點穿著。但是，你不明白那件衣服不是藍色也不是青綠色或天藍色，它是深藍色的，而你從沒搞清這個事實；而實際上你也不知道，從 2002 年 Oscar de la Renta 的發佈會第一次出現了深藍色禮服，然後我記得，Yves Saint Laurent 也隨之展示了深藍色軍裝大衣，很快的，深藍色就出現在隨後的 8 個設計師的發佈會裡，然後，風行於全世界各大百貨公司，最後延伸到某些恐怖的休閒服專櫃，接著就是你從特賣花車裡把它翻出來。事實上，這種深藍色，產生了上百萬美元的利潤和數不盡的工作機會，還有為之付出難以計算的心血……但你卻覺得你穿得這件衣服是你自己選擇的，以為你的選擇和時尚毫無關係，但其實你穿得衣服就是這間屋子裡的人，替你選的，就是從這一堆『玩意兒』裡 。」

如果說，品牌設計師每季發表的系列是一種創意概念與工藝技術，那平價服飾要傳遞的就是把這些概念與藝術轉化成普羅大眾都能接

受的東西，簡化細節與材質並降低售價，讓他普及出去。這當中有模仿的影子，有學習的結果，在時尚這個產業鏈環環相扣。經濟方面，則如同電影對白說的那樣，是上百萬美元的利潤與數不盡的工作機會。

所以當有人告訴我，平價品牌不過就是複製高訂的設計時，我內心其實認為他是不懂時尚與生活的關連。他關心每一個高級訂製的設計，覺得原創才最神聖，其他追隨者都是偷竊這些設計的罪人，並以穿得起這些高級訂製而沾沾自喜，同時貶低那些穿帶有高訂設計影子成衣的人，甚至以穿著時尚與否作為判定人格的標準。我這麼說並不是把貧富視為階級分別，但事實是，我們不可能支付全部的金錢只為滿足生活與追求時尚，對經濟有分配是每一個成年人工作之後都會做的事。你選擇穿高訂去追本季的流行，我選擇穿平價品牌，有些人覺得平價品牌還是太貴所以轉戰其他，經濟能力讓時尚生活如同金字塔分布，但追求時尚的初衷卻是如出一轍的。如果我們同時都對時尚有品味，但你穿高訂，我穿平價品牌其實並無分別，只是我們擁有對金錢的分配能力和生活追求的層面不同而已。至於，以穿著時尚與否作為判定人格的標準，則完全是種偏頗的價值觀，不僅可惡還很可悲。

電影中 Miranda 的態度與執拗一直讓我心生佩服，而像打不死的蟑螂努力學習的 Andy 也很可愛（雖然她的目的只是為了過水，但無形中也被修正了很多錯誤觀念）。你可以不關心時尚產業，但在不關心的同時，若用輕蔑的態度去貶低，凸顯出來的也只是個人修養的不足罷了。因此 Miranda 狠狠卻輕描淡寫地教訓了 Andy，既然已經選擇進入這個產業，那個「偷笑」及說「兩條皮帶看起來都一樣」的話是不允許發生的。Miranda 與 Andy 之間在時尚部分差的不僅僅是專業素養，還有工作態度。

若要追根究柢，Fashion is not about utility，時尚並不是為了實用性。就像藝術品一樣不是強調功能，不是強調實用，但人類生活需要藝術（與時尚），讓我們了解美好，然後把生活過得像樣些。如同文章一開始所述，人生中需要一種對高度生活的認定與追求，倘若失去這些，也會失去某種思考和奮鬥的力量。

凱特謎之音

即使時尚兩字已經被用爛了，卻也沒有可以替代它更好更能概括一切的詞。
時尚？時尚！

01

永遠沒有時機最正確的相遇

愛情是一個表面看起來很文藝，
其實特別物質的一個東西。就跟時尚一樣。

我們都想要牽了手就能結婚的愛情，卻活在一個上了床也沒有結果
的年代。對一個男人來說，最無能為力的事就是在最沒有物質能力
的年紀碰見了最想照顧一生的女人；對一個女人來說，最遺憾的莫
過於在最好的年紀遇到了等不起的人。其實還有更無奈的，在等不
起的年齡遇到了無能為力的男人；在擁有物質能力之後卻沒有單純
真心想和你過一輩子的女人。

這段話是我在某篇文章看到的。沒有感動，卻充滿疑問。但是很多
女孩卻說她們「很有感覺」。不是我體質易於常人，而是這字字句
句都看起來很假。那些很有感覺的人士，我倒想問問你們：究竟在
愛情裡貪圖些什麼，才能毫不扭捏地把那些慾望都包裝在看似美麗
文藝的矛盾當中，讓自己有藉口抽離？

以上只有一個結論，那便是：「其實你（妳）並沒有那麼愛她（他）。」卻自己貼上了深情的標籤。

人是經濟的動物，在談戀愛時多考慮一些現實的條件是絕對必要的。什麼最好的年紀或物質能力都是考量。能直視這些現實並且一起跨越，愛情方才可貴。而不是假深情之說，圖愛情既得利益之實。我的身邊有各種面貌的女孩男孩，各種面貌的愛情。功利的我欣賞，夢幻的我也不討厭，但最令我感冒的是那些假裝聖人的，什麼都包裝得冠冕堂皇，遇到困難卻全部都歸咎於現實的無奈。

有些男人雖目前沒有物質能力，卻願意把最好的都留給妳。有些女人在最好的年紀跟一個人在一起，分手之後卻說他也把最好的時光給了她。人不會無端被對方吸引，愛情的發生也不是沒有原因，但如果都無法對自己誠實卻企盼擁有真愛，恐怕永遠都要失望、都要有遺憾、都要莫可奈何。

人是唯一會欺騙自己的動物，而且一直在美化愛情。誰沒有或多或少談過一些無疾而終的戀情，有意無意成為第三者，甚至是備胎？什麼都對了也不一定保證走到最後，所以根本無所謂時機最正確的相遇。

男人無能為力的是連自己都照顧不好而不是遇見了最想照顧的女
人；覺得自己在最好的年紀遇到了等不起的人的女人，最終重視的
是自己青春（的肉體）很值錢；失去青春的女人覺得自己等不起的
不是年紀而是對方的存款數字；而那些在擁有物質能力之後卻發現
沒有女人想單純真心和他過一輩子的男人，你捫心自問是不是因為
單純真心的不夠漂亮太老看不上，而年輕美麗的太野太難捉摸太需
要人哄老子奉陪不起。

說什麼遺憾無奈呢你們。切。

凱特謎之音

不當愛情裡的聖人婊，不做時尚圈的假清高。

02

搭訕的意義 ——

為什麼每天出門要好好打扮自己？
因為這樣才有機會被搭訕。

朋友最近走桃花運，被搭訕次數接二連三。

「妳外型這麼殺，他們肯定是鼓起無比的勇氣才敢跟妳說話。」

「他們對妳說了什麼？」我問。

「我很少這麼做，但是剛才在電梯見到妳之後，我告訴自己若錯過跟妳說話的機會將會非常後悔。」朋友陳述了其中一位西裝男的話。

「原來密室除了引起恐懼症，還可以激發體內浪漫細胞啊。這番話聽起來雖然老套，但最起碼不瞎。」我說。

朋友最終還是沒有給西裝男任何說話的機會，微笑禮貌地拒絕了。

我想那是因為對方的長相。

搭訕的意義是什麼？是外型。

聽過無數個被搭訕的經驗，每個人最終的結論都是「搭訕方式太爛了吧？」但其實這句話背後隱藏的真相是「他不是我的菜」。想起有人對我說過，長得好看的人先天優勢就是可以不用太聰明或太努力去證明什麼，因為憑藉外表，他們天生驅使人主動想要接近。從零到一總是最難的，但長得好看的人根本沒有零這回事，是直接讓人跨過零想從一到二了。

那晚跟某人看著英倫搖滾記錄片。
我問他為什麼玩搖滾樂的人普遍都長得矮也沒很帥？他說：
「高富帥都去當霸道總裁談戀愛了，像我們這種矮挫窮不學會彈吉他能把到妹嘛？」
是呀，同理可證：帥哥都被人搭訕去了，能夠鼓起勇氣搭訕妳還讓妳一見鍾情的機率簡直比中樂透還低。

但，我中過一次樂透。

念書時暑假在麵包店打零工。週六下午兩點到三點雖然是出爐時間，卻是一週間最冷清的時段。那時候我會在店裡放自己想聽的音

樂。長得好看的人在這個時段出現，我們的對話是「天使蛋糕」，「總共 80 元，謝謝。」然後他轉身離開，我抓住瞬間看他的背影，再抓住他回過身跨上門口機車、望向店內的我那剎那，收回自己的視線假裝沒事。

假裝沒事，連續兩次。

「天使蛋糕」，「總共 80 元，謝謝。」暑假第三個週六下午我以為還是重複這樣的台詞時，長得好看的人收下遞過去的零錢與蛋糕後，開口說出了這輩子我聽過最動聽的搭訕話語：「妳喜歡 ROXETTE ？我也是。」

朋友聽到這裡已經笑抽了。我也為自己認為最動聽的搭訕話語感到好傻好天真。但這是長得好看的天使男對我說過的第三句話，怎麼可能不動聽？

「然後妳怎麼回？」朋友問。

我說「嗯。」「就這樣？」「對，就這樣。」然後我假裝整理櫃檯，他說聲謝謝後就走了。當我看向店外時卻發現他朝我一笑，彷彿

在等待。後來因為其他原因暫停麵包店的零工後，我便再也沒見過他。

「妳真是任性又不坦率的孩子啊。人家都做到這份兒上了。」朋友說。

「長得好看的人是用來怦然心動的，不是用來談戀愛的。這種會顛覆小宇宙的大餐我一向純欣賞，只看不吃。更何況他還知道那天放的是 ROXETTE 呢。」

朋友搖頭表示不認同，卻不再與我爭辯。隨後我們轉換討論搭訕理由最爛 TOP 10，把彼此笑得花枝亂顫。但我心裡其實清楚，那句最動聽若不是從長得好看的天使男口中說出，終究是一句再平凡不過、連最爛 TOP 10 都排不上名的一句普通話罷了。

搭訕的意義是什麼？等待被拒絕。

———————————————————————————————— 凱特謎之音

一見鍾情鍾的不是情，是臉。是我們假情以臉好讓自己在愛情面前顯得高尚。
適合你的單品上面從來沒寫過你的名字，卻往往一見就鍾情，再見就掏錢。

03

談個現實的戀愛吧

理想很豐滿，現實很骨感。
若要好看，必須骨感。

朋友是個文藝青年，天秤男，但可能骨子裡是上升雙魚吧。這個年代少有的細膩直男，有時跟他說話會懷疑他的性向，但實際上卻離基友很遠。

那天，我們在微博為愛情論辯了一番。

「『愛情在這個世界上的確非常非常罕見，是一件極少發生的事情。在長長的一生中，出現的回數也不會很多。因為真愛少見，所以值得為之水深火熱』。這話是好友說的，我老記住了這話，但記不住是她說的。讀書多不能讓一個無情的人變得多情，但多少能讓他懂點愛。」這是他看完一段《鴛鴦樓》後的感想。

「我覺得要看你怎麼定義愛情。如果把它定義成『至死不渝』，那就不是很少的問題了，是根本沒有。以此類推。」我回應。

「我也就是隨著她的定義吧。人在一生裡，有一刻動了念頭，有一刻種下的開出了花，有一刻一些聲音不停的回響……這種情況也確實是極少的了，對於人的一生來說。剩下的大多是因緣，是合適，是陪伴。」他回覆。

「你說的那些情況叫做『愛在曖昧不明時最美』，愛情確實是這樣的。至於因緣至於合適至於陪伴，那都是後來的事，因愛情而起，卻最終與愛情無關。」我再次回應。

在私訊裡我經常收到關於愛情困惑的留言，曾經讓我一度懷疑自己的身分（兩性作家？）有一本書說：「文藝女青年這種病，生個孩子就好了。」借此話：「愛情中毒這種病，結個婚就好了。」真不騙你，搞清楚這種病這種毒，再不會因此患得患失，不管一個人或者兩個人都可以好好生活。

我是相信愛情的，在超現實的世界裡。愛情越靠近現實越顯得愚蠢，離現實越遠越是美的不可方物。但現實裡有愛情絕對無法取代的情感，那才是我們之後依靠的真實的存在。個人覺得那是超越愛情的一種情感。

既然如此又為什麼要戀愛呢？也許就是要讓我們從超現實走向現實吧。透過戀愛了解自己以及自己在現實世界需要怎麼樣的人，並在過程中確認。

讀到一篇文章，文章中列出了《紐約時報》刊登的「婚前要問的 15 個問題」。我覺得這是一份很棒的問卷，用來測試愛情步入婚姻的可能性。如果看完這 15 個問題你根本沒有勇氣跟對方逐一討論的話，那麼請繼續談戀愛就好。此外，對已婚的你也不失為一份檢討卷。

1. 要不要孩子？如果要，主要由誰負責？
2. 我們的賺錢能力及目標是什麼？消費觀及儲蓄觀會不會發生衝突？
3. 家庭如何維持？由誰來掌握可能出現的風險？
4. 我們有沒有詳細的交換過雙方的疾病史？包括精神上的。
5. 雙方父母的態度有沒有達到我們的預期？會不會給予祝福？如果沒有，該如何面對？
6. 我們有沒有自然的、坦然的說出自己的性需求、性偏好、以及恐懼？

7. 臥室能放電視嗎？

8. 我們真的能傾聽對方訴說，並公平對待對方的想法和抱怨嗎？

9. 清晰地了解對方的精神需求以及信仰嗎？在教育的過程中是否會干涉孩子的信仰？

10. 喜歡並尊重對方的朋友嗎？

11. 能不能看重並尊敬對方的父母？有沒有考慮過父母可能干涉我們的關係？

12. 我的家族最讓你心煩的事是什麼？

13. 我們永遠不會因為婚姻而放棄的東西是什麼？

14. 如果其中一個人需要離開其家族所在地陪同另外一個人到外地工作，做得到嗎？

15. 是不是充滿信心面對任何挑戰，讓婚姻一直往前走？

————————————————————— 凱特謎之音

從戀愛前進到婚姻，你完成了本世紀最偉大的穿越。
因為這個跨度是理想與現實的距離。

04

當男人戀愛時

男人喜歡女人的時候第一個念想是征服，
如同我們看見喜歡的高跟鞋一樣，踩上去，駕馭它。

私訊裡經常出現的問題除了問哪裡買之外，其他幾乎是關於愛情。
若以此來評斷粉絲頁的功能，感覺上就是「慫恿人花錢」與「如何
釣男人」。前者不予置評，畢竟自己真的相當愛買。後者希望是因
為見解特殊，千萬別以為是我經驗老道。

最近發現回答那些各式各樣的愛情問題到最後，其實都屬於同一個
問題。有人這樣說過：「很多時候，妳並沒有自己以為的那麼愛一
個人，妳只是無法接受他不愛妳而已」。要我說，就是「不要輕易
的被自己感動」。虐心的劇情都是先虐了自己才會虐到別人，而且

還有可能等不到虐別人就把自己先給虐死。其實大家心知肚明，到了一個點上，對方不再更進一步的理由不是他童年有陰影，不是他正忙碌於賺第一桶金，不是他剛從另外一段失敗的感情中走出來，不是他太害怕、太緊張、太自卑、太敏感、太遲鈍、太愛自由、被前女友傷的太深……就像柯南說的，真相永遠只有一個，那就是「他其實沒那麼喜歡妳」。

女生在愛情裡的被動造就了一種莫名的虛榮，而男人不一樣，他們會鎖定目標主動出擊。被打槍了，也恢復的比較快，有些甚至是一轉頭就忘記。因為被動，女人會觀察所有靠近自己的人，想他們的居心何在？想自己怎麼應付才能既保有姿態又傳遞出正確的情意。相較於男人，女人確實是複雜的動物，一個生理結構造就每個月都要來一次崩壞的生物，說什麼都無法堅持內心單純的。可也因為這樣的複雜與虛榮，聰明反被聰明誤。

其實，女人與男人在戀愛時的心理狀態無本質上的差異。因此在曖昧之初，如果妳幻想的某些事無法成為現實的可能，百分之七十以上可以推定對方是友達以上，戀人未滿。就好比他送妳回家，但婉拒了妳邀請他上樓喝茶一樣，約會沒有續攤，儘管妳再喜歡人家，也是白搭。至於交往多年，已經半同居或同居卻還不想娶妳，表示

他不願意付更多的責任或安於現狀。我相信很多女人都能聰明地想到這些，可理性就像貞操，一旦失去就沒有了。為了彰顯自己的價值與特別，女人會用青春賭明天。等到真的受傷了才明白所謂的明天，其實跟過往的那些日子沒有什麼不同。除非，換個男人。

如今女人在社群網站上晒男人怎麼寵自己，已經抵不過懷孕的人秀肚皮、當媽的人秀小孩跟手做愛心便當。能超越這些以一擋百的是──男人在自己的頁面晒女友或老婆。我們都知道女人晒這些照片的潛在心理是在乎或缺乏，可讓男人願意主動亮出女人只有一個可能，那就是「特‧別‧在‧乎」。一個男人的手機待機畫面可以是自己，是跑車，是寵物，是小孩，或什麼都沒有。但如果是女友或老婆，趕緊 PO 上臉書去享受讚嘆吧。因為你是比熊貓都還要稀有的動物。我親眼看過一個男性友人的手機待機畫面是女朋友，說真的，滿噁的。（好啦，別鬧。誠心祝福他們）

當妳體會過所有的不順路都變成順路的時候，再來認真考慮要不要愛上這個男人。如果僅僅是喜歡，千萬不要以愛來論。我相信一個真正喜歡妳並且願意進化成愛的男人是不會讓「世界上最遙遠的距離是我就站在妳面前，而妳卻不知道我愛妳」這種事情發生的，尤其當你們之間沒有任何障礙的時候。

凱特謎之音

如果企盼從我這裡討抱抱可能會很失望，因為我只能給出高質量的尖酸刻薄。

05

愛情的偏好設定

念念不忘的，
永遠是那件沒有買到的限量款。

在為數不多、我喜歡的愛情電影裡面，華語電影就有兩部，分別是
王家衛導演的《花樣年華》、陳可辛導演的《甜蜜蜜》。湊巧的是，
女主角都是張曼玉。這兩部戲有著我對愛情的偏好設定：「最美不
過曖昧，最好不過此生錯過。」沒有結果的愛情才是愛情真正的
面目。

《花樣年華》講的是婚外情。人物很簡單，對白很簡單，故事很簡
單，但拍攝手法與敘事的情緒很複雜。有點幽默無奈，但其實很隱
晦悲傷。你說婚外情不是愛情？為什麼就不是了？我覺得是。周慕
雲和蘇麗珍雖各自是已婚身分，但在彼此眼裡卻漸漸變成讓自己朝

思暮想的那個人。在都市的角落裡，每個人的內心都有一個讓自己默默跨越道德底限的人，只是那個度，有人拿捏的好，有人笨手笨腳罷了。

周杰倫的歌是這麼唱得：「荒煙漫草的年頭就連分手都很沉默」。我喜歡《花樣年華》那個沉默的年代，告白的方式是對著話筒說：「是我。如果多一張船票，你會不會跟我走？」周慕雲問過，蘇麗珍問過，但誰都沒有回答對方。為什麼要回答呢？這問題，無法回答啊。

當時看這部電影時去的是院線，如今那家在復興北路的電影院早就成了歷史。我後來反覆看過好幾次花樣年華，每看一次都覺得有一輩子那麼久的感動。更多時候是慶幸自己年輕時就愛上這部電影，而不是像許多人從 DVD 與電影台的重播認識它。把內心其實浪漫的無可救藥那面全數丟給喜愛的愛情電影是很爽的一件事，而這種屬於東式的曖昧，我最終摺疊起來收在左邊口袋最靠近心臟的位置。愛情之於周慕雲，是吞吐的煙霧，看得見，抓不住。之於蘇麗珍就是那永不重樣的美麗旗袍，品味一致，優雅端莊卻媚惑十足。

《花樣年華》對我的影響還有個層面是藝術性的，在這就不贅言了，畢竟主題不是。但如果你有興趣從另一個角度用「聽」的去「看」

花樣年華，方大同那首《蘇麗珍》推薦給你。「對所愛的人不說，卻對自己太囉嗦」，唱的時候都覺得這句話太幽默。

在現實中不喜歡宿命論的我，很輕易地接受了《甜蜜蜜》裡黎小軍和李翹在九龍火車站最初的相遇，當然，還有那廣為人知在紐約街邊電視機前重逢的畫面。導演給了這個故事開放式的結局讓觀眾去想像，但最終沒有滿足我心中是過客不是歸人的設定。

《甜蜜蜜》裡的愛情包含了理想與夢想的追求。因為對理想與夢想的追求不同，即便很喜歡也要放棄對方。我對李翹這個人物的設定是很揪心的，有時候彷彿覺得自己某些部分的任性跟這個女人好類似。感覺很聰明，其實也犯傻；感覺超無情，其實最心軟。任何東西都擺在金錢後面，野心勃勃地想著未來。於是她藐視對黎小軍產生的情感，氣急敗壞地說：「黎小軍同志，我來香港的目的不是你，你來香港的目的也不是我啊。」以及那句意味深遠的「友誼萬歲」。你以為只有在當時的時代背景之下才有所謂相互取暖的愛情？其實這樣的愛情對於一個到外地飄泊追求理想的人來說是不分時空的。黎小軍在家鄉有個等著讓他娶回家的女子，而異鄉卻有個友達以上、戀人未滿的女伴。好多時候我幾乎都快要看不起黎小軍了，卻

每每在他寫家書給遠在天津的未婚妻時才恍然大悟：「要求男人在面對愛情時拿出勇氣，其實是一件奢侈的事」。

《甜蜜蜜》一直在命運裡來回折騰，所以也把結局給了命中註定。殘酷的時代，掙扎的小人物，有了命運這個糖衣包裝，嚐起來也苦中帶甜了。我們可能無法體會鄧麗君對那時剛剛開放改革的中國起到如何的治癒作用，但北京的朋友告訴我：「妳知道嘛？對我的父執輩而言，鄧麗君的歌就是幸福的聲音」。

是你，是你，夢見的就是你。

───── 凱特謎之音

人生總得錯過幾個人，幾件事，幾件想要的東西。

06

關於遠距離戀情的二三事

遠距離戀情能不能有個結果？
就像衣櫃裡那件「等我瘦下來」的衣服，
只有你自己知道有沒有這一天。

朋友要我寫寫遠距離戀情。我想了想，唉，真不擅長。

結婚前，我的原則是這樣的：沒有空窗，不談遠距離戀情。每一段
戀情的銜接都是在還沒正式分手之前就開始愛上別人，我不做那種
用一段談了很久的戀情來證明自己專情的女孩，但也不做那種同時
給很多男生機會左右逢源的香餑餑。我劈腿別人也被對方劈腿，甚
至覺得劈腿在愛情裡面再正常也不過，雖然很傷心，可也不會難過
到忘記自己是誰。有一點才華加上一點姿色，在那個看臉花痴的青
春時代，不怕沒選擇，就怕沒時間。

你說，這樣的我怎麼可能去談什麼遠距離戀情？吃飽太閒。

不過人算不如天算。有一種遠距離戀情叫做「離鄉背井去打拼」。
在我與某人交往期間，曾經有過香港與新加坡的發展機會向他招
手，因為考慮到我的關係他都拒絕了（某人的官方說法）。我後來知
道之後，老實說並沒有怎麼開心，只覺得這個男生有點傻，為一個
女人放棄前程。隔年，北京的機會再次找上他，我得知後馬上鼓勵
他：「一定要去啊，不用擔心我。」喔，對了，我談戀愛的一個原則
還包括：不許你耽誤我的發展，我也不會阻礙你的將來。那時某
人才 27、28 歲，有機會去外面的世界看看對他的人生來說是非常
可貴並且要把握的事。他如果連這點判斷都無法看清而繼續留在臺
灣待在我的身邊，接下來我一定不會這麼愛他。

於是，2007 年我們開始了臺灣與北京兩地的遠距離戀情。那時我案
子接的很滿，早上通告很早，晚上很晚收工，經常錯過跟他 skype
的時間。通訊軟體也沒有現在發達，透過簡訊算是最快的方式。再
來就是約定好時間一起在電腦前視訊，可以看見彼此的臉孔。有時
網路很卡，會定格在某個很醜的表情瞬間。有時很順，但說著說著
就很想拿搓刀修指甲或者偷偷開啟其他視窗逛拍賣。總之，我是一
個不及格的遠距離戀人。

那一年，我去北京看了他兩次，我想知道再次見到他時的心情是什麼？我是不是該跟他分手？又或者，我是否可以一起到北京？但這兩次的面會都沒有給出太多的衝動，我們僅僅像久別重逢的戀人一樣重溫往日情懷，分開後又各自投入工作與生活當中。跨年夜當晚，我與朋友在外聚餐等著 12 點回家跟他在電腦前一起倒數，卻接到了他打來的電話。他說白天去滑雪受傷了，在醫院做斷層掃描。我當下急得哭了，他說沒事，但要確認一些細節，安慰著我。這個事件促使我深入想了好多關於「在一起」的重要性。在異鄉，某人需要一個親密的人陪伴分享、相互照顧，而不是透過簡訊、電話或者視訊告訴我他今天晚餐吃什麼？公司發生什麼事？假日去哪些地方？看什麼電影？買什麼家具？如果現狀無法改變，那陪伴他的人其實可以不用是我。相反的，我也是。我們都需要真實的溫度。之後我便在電話裡跟某人提出分手。

當然是沒有成功的，他隔天請假從北京飛回台灣（當時沒有直飛班機，還需要在香港轉機），一下飛機馬上跟我聯絡，見到面馬上說：「我們結婚吧！」很浪漫嗎？且慢，我的理智線還沒斷。那年他 29 歲，我 32 歲。結婚如果改變的僅僅是身分而不是生活狀態，對當時的我跟他來說都是不切實際的決定。我花了一段時間重新檢視自己與某人的感情，也請他再仔細思考結婚的意願。在此之前，我只

為家人犧牲過，現在，我決定把某人變成家人然後為他犧牲。結束台灣的事業，與他一起定居北京。相信嗎？婚後我搬去北京不久，某人就失業了。我們兩人的工作生涯同時迎來最低潮，卻是情感最飽滿的時期。

2015 年初某人在深圳成立了新公司。某種意義上，我們又變成遠距離的關係。七月份搬家時，他人在深圳忙著，好朋友 Angela 從旁協助我一個人張羅所有，把搬家搞定。某人是以拎著一個隨身包包入住新家的姿態回北京的。我從來不怕他離開我去追求更好的發展機會，亦如他知道我能獨立地安頓好自己跟這個家。只是這次的距離與 8 年前再不能相同了。

凱特謎之音

愛情的約束力是約定俗成，婚姻的約束力則大於法律明文規定。
致遠距離戀情進行式的你，這不容易，但也不是了不起到要扣上道德的帽子。

43

07

世紀婚禮？

如果沒有新郎當綠葉，
即便新娘禮服再華麗也沒有意義。

2015 年應該是娛樂圈最喜氣的一年，大明星接力結婚，而且各個都是盛大的婚禮。從年初的周董昆淩到黃教主與 Baby，看了各種評論深度且鉅細靡遺的八卦各種細節，從禮服到頭飾到會場到來賓到……（族繁不及備載），難怪女人除了一顆待嫁的心，還有做不完的結婚夢。

認真說來，我的婚禮其實不是我與某人操辦的。我們雙方各自把主權都交給長輩和家人去打理，只給出自己要宴客的人數與桌次，連選喜帖都沒有參與。沒有婚紗照，沒有對戒，婚禮當天的白紗是我

在北京禮服批發市場買回臺灣的。敬酒與送客的那襲小禮服目前躺在我的衣櫃裡，之後還穿過幾次。至於白紗則留給家人替我上雅虎拍賣出去了。

很多人以為是因為我們人在外地才這麼辦婚禮的，但其實最主要的原因是我與某人對婚禮都沒有想法。是的，沒有想法。意思就是說：「雙方家人開心就好，我們無所謂」。於是，我們這對新人反倒像是去參加婚禮的，只不過是參加自己的婚禮。

至今依然很感謝替我們承辦婚禮的家人們，畢竟一場婚禮再怎麼簡單，那些瑣碎的事情也是需要人親自去打理與規劃。我一直覺得在華人傳統婚姻嫁娶流程中，長輩（亦即主婚人）是比新人都還要重要的部份。至少在我的婚禮是這樣的，我希望公婆開心地宴客，所以餐廳他們決定，酒席桌數任他們揮霍，禮金歸他們。娘家回門時也一樣比照辦理，讓母親開心地忙活去，愛怎麼樣就怎麼樣。只不過當我知道我媽發出去的喜帖是紅色燙金字有亮粉，打開之後帶有香噴噴的味道時，還是忍不住哈哈大笑了（果然是我母親大人的品味）。

至於新人們在乎的對戒與婚紗照，我和某人都是沒有的。某人不戴

戒指，把戒指用鍊子穿起來戴脖子上也很彆扭，於是我們沒有考慮對戒，只有求婚戒。拍不拍婚紗照的決定也很簡單：「如果妳想拍婚紗照我們就去拍吧？」某人說。「嗯……我覺得還好。看你跟我的樣子也不是拍婚紗的料。」瞥他一眼我回答。「太棒了！就這麼定了啊。」婚紗照這事兒是因為我們兩人都不想要，所以達成協議。如果有一方要拍，其實也是應該配合的。因為經驗告訴我，婚紗照的配套其實很科學，尤其在宴客時當來賓們都交完禮金、簽完名要入坐前可以翻閱一下，欣賞（或嘲笑）你們幸福的姿態，順便打發時間（畢竟現在餐廳都不讓人嗑瓜子了）。而替人送紅包的可以拿個謝卡回去交差。婚禮現場也可以一直重複迴圈播放熱場，幫助那些單獨來參加婚禮的孤男寡女有個眼神可以休息的地方。所以婚紗照不僅僅是你們兩人的紀念，附帶的功能性全是為了造福與會的來賓。因為沒有婚紗照的我就是這樣被抱怨的。

雖然對自己的婚禮沒有太多想法，但對於看別人怎麼操辦婚禮我卻是興致勃勃的。每一場參加過的婚禮都會在某些點上顛覆我的邏輯，刷新我的眼界。除了一些該有的畫面之外，新人們總會用盡全力絞盡腦汁，讓你們看到千載難逢的瞬間。我就像劉姥姥進大觀園，帶著處處是驚喜的心情去，甚至可以算是喜歡參加婚禮的那種人了。

黃教主在婚禮上對 Baby 發表的結婚感言，恐怕是所有幻想過霸道總裁會娶自己的女人想聽的（網上搜吧，婚禮結束後已經是段經典）。但比起新人們相互表白，我最愛聽的其實是雙方父母的引言。結婚，真的是兩個家的事。從主婚人的發言中可以窺見自己的朋友嫁入了哪一種家庭？或在哪樣的家庭裡成長？在父母的心中佔有如何重要的位置？而雙方的家庭之後會以什麼樣的姿態去相處？我的好閨蜜在 2006 年結婚時，她父親的感言是至今我聽過最動聽的一段話。不是煽情的那種，也不客套不恭維，娓娓道來時有著父親的尊嚴與柔軟，把自家女兒與親家誇的恰到好處，而且幽默卻不失莊重。後來閨蜜跟我說她不知道她爸爸準備了這麼一段話，大家聽了都印象極深。如果，女兒是父親上輩子的情人，那麼婚禮上的引言應該就是最浪漫的告白了。

有人說，婚禮不過就是當一天的公主與王子，明天還不是要打回原形。對於這樣感覺很實際其實很酸的一段話我是這麼覺得的，聽好了，這叫做「活・在・當・下」。即使只有一天，那也是很重要的事。

凱特謎之音

朋友的男友是個外國人在飯店工作。他說他想要中式婚禮。
朋友問他：「喔，真的呀，你覺得中式婚禮很棒？」
「對啊，很有趣，就是那種新郎去新娘房間，不給錢就不開門的那種。」
當場把我跟朋友的眼淚都笑出來了。

08

活出一個大寫的人生

有一種事業有成、兒女成雙、
幸福美滿叫做維多利亞・貝克漢。

2008 年當維多利亞・貝克漢宣布要成立自己的品牌進軍時裝界時，
大家一片噓聲等著看她出糗。幾年之後，英國公布了百大企業家榜
單，貝嫂攬獲了 2014 年英國最成功企業家獎，這份榜單依據的標
準是「過去五年內公司營業額增長、就業機會創造的數據結合企業
家整體財富水準」來排名。綜觀貝嫂的同名品牌，從開始的每年
一百萬英鎊發展到現在的三千萬英鎊，員工人數從三人到一百人，
於倫敦市中心最高檔的 mayfair 區開設旗艦店來看，貝嫂其實是在
向世人說：「姊是跟你玩真的」。

什麼是人生勝利組？不是嫁給全世界最棒的白馬王子替他生幾個孩

子，然後還要負責原諒王子的醜聞，而是經歷這些之後，家庭事業甚至個人的外貌體重都可以管理的風生水起看起來毫不費力。現在還有人管維多利亞以貝克漢之名叫她貝嫂嗎？我想更多人還是只想叫她維多利亞吧。

於是你會想，那貝克漢情何以堪？作為一個成功女性企業家的先生的自己，好歹也是號響噹噹的人物（不管過去還是現在或未來？）而如今感覺世人的眼光只投放在維多利亞身上。這則新聞給我的啟示是婚姻經營與夫妻相處之道。長久以來，維多利亞與貝克漢就各自負責不同面對世人的角色，以夫妻之名捍衛起事業、婚姻、家庭這個國度。他們是戰友、是家人、是愛侶、是孩子的爸媽。有做錯事被原諒的資格，有衝刺事業時要求扶持的權利。所以今日不管世人把眼光加重在誰身上，都是貝克漢夫妻共同的成就。

這也許是我婚後多年的感觸。家庭與婚姻能夠幸福圓滿絕非單一功勞，不管是妻子或丈夫對內與對外的形象，都需彼此協調好然後全力以赴、相互成全。鋒菲戀熱潮時，很多人把鋒芝時期的照片拿來比照貝克漢家族，其中最廣為流傳的就是同樣身為丈夫，貝克漢始終負責照顧小孩，讓維多利亞在鏡頭前永遠踏著高跟鞋，美的像女王。鋒芝則相反，抱孩子的永願是張柏芝。也許這無關乎中西觀念，

而是他們這兩對夫妻用什麼角色面對媒體，顯然當中都有一個負責高冷，一個負責吆喝小孩。然後他們都覺得這樣的分配恰如其分，自己也玩得開心。好事者用性別與身分來區分誰是好男人、誰是壞男人，在我個人看來是有點不那麼厚道。有人甚至說，就算張柏芝嫁給貝克漢，她還是要自己抱孩子。但我明明覺得是他們都想抱孩子，要不人手一個要不全都抱成一團。

維多利亞的時裝秀上，貝克漢是領著四個兒女一起觀賞的頭排嘉賓。這番情景回到多年前的球場上，維多利亞也是如此這般。夫妻情誼也許就珍貴在不計較誰比誰強，只專注於填滿彼此的缺口就好。

是誰說「婚姻是愛情的墳墓但也要勇敢地跳進去」？因為起碼在年老時，我們不是死無葬身之地。

大寫有大寫的快意，小寫有小寫的愜意。生活總可以活成你想要的樣子。

09

失樂園教會我的是……

有些人的衣櫃裡充滿各種與生活交織成故事的衣服，
有些人的衣櫃打開，只會發現款式最新的流行。

唯有在失樂園的狀態下，愛情才叫做愛情。

22 歲那年看完電影《失樂園》後正式認識渡邊淳一。隨後將同名小
說也閱讀了一次。當時年紀正值花樣，在初次的戀情告終時內心也
沒有太多的衝擊與失落，因為你知道透過與其他人再次的約會與曖
昧，不到婚姻的地步，那些都是戀愛習作。

但我終究還是因凜子在為父守靈期間無法自持的交歡慾望而震撼
了。自此之後總算有點明白所謂失樂園的意義，以及這個狀態對於
原始情慾的影響力。於我而言，失樂園並非一部悲劇，那些關於背

叛及悖德的事件，也讓我發現最純粹的愛情與慾望。

我們從小被教育要負責、要懂事、要成熟、要理性，愛上一個人要從一而終全心全意。從童話故事到言情小說，從偶像劇到文藝電影，女人的愛情只能無比堅貞，自我犧牲方才可貴。這些道德觀像荊棘一樣圈住我們，若要抵抗，首先得讓自己遍體鱗傷。甚至編劇還會無情地讓我們把命都賠進去，以增加愛情的高度，刻劃淒美的深度。

好多人相信愛情是永恆的，但事實是「愛會轉變」，在不同的時間軌道上，愛其實會不停的產生變化。因此無論你從多麼天旋地轉的愛情中淬鍊出婚姻，它終究會因為長久的固定相處、生活瑣事而逐漸被淡化稀釋。但這些變化不好嗎？一定要是最初的悸動才可貴嗎？會不會其實變化的過程中我們會發現另外一種維持永恆的方式呢？我只知道要負責、懂事、成熟、理性的愛情可能會非常痛苦。因為，愛情的本質帶有一些任性。什麼都不管，只想和他在一起的任性。

渡邊淳一在失樂園的創作自白中這樣描寫過中年人：「人到中年會有各種各樣複雜的關係，他們背負著這些複雜關係生活。從某種意

義上感覺年輕人的愛很純潔，但一個人若到了老年身邊還有個伴侶，那代表他為愛曾拋棄過的以及曾背負過的總和，我認為這樣的愛更加純粹。」中年的我回頭咀嚼這番話，開始嚼出與當年不一樣的滋味。

若非走進婚姻，若非深刻的體驗到把愛情帶入尋常生活的難處，我也許不會妥協愛情是婚姻的墳墓一說。愛情確實是被埋葬了，但愛一個人的心情卻用另一種方式存活下來，好比之前的飄飄然，但終於踏踏實實地踩在地上的感覺。也許會偶爾想念那飛在雲端的日子，但比起失足後的粉身碎骨，泥土的芳香更能孕育出愛的花朵。與其說不相信愛情，不如說只相信失樂園狀態下的愛情。那些不被允許所激發的奮不顧身、無法控制才是最熱烈最純粹的愛。但我相信婚姻。因為似乎也唯有婚姻才能讓複雜的中年人「有機會」成為年老時相互依靠的伴侶。

而與我步入婚姻，背負複雜包袱、行過中年逐漸凋零的你，比起殉情的凜子與久木都更加浪漫地讓我想大哭一場。

凱特謎之音

願你年輕時，衣櫃永遠是款式最新的流行。
這樣年老時才有機會將其中變成有故事的衣服。

10

共犯關係

一個遊戲之所以不能繼續玩，
通常是因為當中有個人說他不想玩了。

聊到婚姻，有些人會舉出《控制》（Gone girl）這部電影，大家看
法各異，頗為有趣。跟婚姻還有段距離的人看完後些微恐婚，而婚
姻進行式的人會似笑非笑地帶著某種感同身受再次確定婚姻的價
值。與其說控制，不如說牽制。一旦結婚的兩個人終其一生就是相
互牽制對方。好的牽制讓彼此成為更好的人，壞的牽制就是透過對
方的手把自己也毀了。

我不知道為何大家願意相信愛情多一些也不願相信婚姻？兩者間，
我更喜歡後者。這部片意寓深遠的開端就告訴我們：愛情才是最虛
偽的。在 Amy 與 Nick 初識初吻的戀愛過程到結為夫妻，兩個人都

在為「成為彼此心中所期待的那個人」進行偽裝。尤其是 Amy，她從小便熟知偽裝的真諦，因為她就是父母筆下那個完美的 Amazing Amy。婚姻失衡的關鍵點在於 Nick 因金融危機而失業，同時也失去對 Amy 偽裝自己的熱情。搬離紐約的高級寓所，拿著妻子僅有的存款，回到家鄉與姐姐共同經營一間酒吧，失去鬥志，眼神也不再煥發光彩。面對這樣的丈夫，Amy 也不再掩飾自己原本的性格（我就是喜歡你有錢有工作有地位，因為我在此之前的人生也是如此，但，瞧！你變成什麼樣子了？）但這樣真實的她卻讓 Nick 倍感壓力，逃避的結果就是出軌，與一個未經世事的女孩一起，既解決需求也同時獲得崇拜，以慰藉自己殘存的男性尊嚴。

Amy 真正想要報復 Nick 的關鍵在於：他用屬於他們的方式與女孩接吻。你不工作、你變得無能我可以忍受，出軌也可以被當做毫不知情，但屬於我們的方式不能被剝奪，因為女人都相信所謂「唯一」的神話。一旦剝奪了了便代表我在你心中什麼都不是，有此作為前提之後，你就必須為你的不工作、為你的無能甚至是出軌付出代價。

Amy 報復的過程很有趣，她深知 Nick 的性格，所以為他量身制定了一套謀殺妻子的案件。相對的，當事情發生後，女警官審問 Nick 時，他卻對自己的妻子完全不了解，甚至是生病時最想吃的

甜點都不知道。這些也曝光了男女在婚姻中甚至戀愛過程中糾結的點：女人在意那些男人根本就不在意的細節。然後以對這些細節的關注度來評斷一個男人到底愛我多深？（其實能精準猜中女人各種變態小嗜好的也只有韓劇的男主角了吧？現實中根本不存在。）最終，Nick反擊了，他重拾偽裝，在直播節目中大秀演技。此舉重新撼動了Amy，讓她改寫劇本，不顧一切要回到Nick身邊。於是你最終看到他倆重回社會關注的視線，再一次名利雙收，再一次的偽裝，只是不同於之前，他們此次結盟了，一起用偽裝的方式面對世人而不是彼此。

如同Nick說的，他恨死他的老婆，卻也不能否認是她的激發才讓他有機會變得更好。本質上他們屬於同一類的人，就像會成為夫妻的所有人一樣。而世界上最親密無間的關係就叫做共犯。

凱特謎之音 ————————————————————

　　看完電影後男人都怕自己身邊的Sweet girl變成Gone girl，
　　但殊不知往往是自己從Prince charming變成Prince boring之後，
　　Sweet girl才打算變成Gone girl的。

11

陪伴，是最長情的告白

有些人對於衣物的留戀是即使穿不下了也要收藏起來。

有些人對所愛的人的留戀則是——不管發生了什麼，我都會在你身邊。

朋友到中國工作已經八年了，輾轉上海與北京兩個城市。已婚，妻子沒有跟隨他來中國定居，沒有孩子。他固定把薪水的一半交給妻子，自己用另外一半來負擔生活所有開銷。這八年中，妻子從來沒有到上海或北京看他，理由是她不喜歡中國。上週，他回臺灣與妻子碰面，妻子提出離婚的要求。她說：「我覺得跟你在一起沒有保障」。

在最近的追劇清單裡，天海祐希主演的《偽裝夫婦》主要討論「形式婚姻」的可能。這部日劇充滿黑色幽默，角色設定放大了現代人

某些性格的特質,除了形式婚姻,也涉及多種與社會價值違背的討論。但最終要說明的意義或許還是:人活著就不可能孤獨,有親愛的家人與朋友陪伴才最幸福。

年輕時初看電影《麥迪遜之橋》明白了「喜歡是放肆,愛是克制」這個道理。二十年過後,自己結婚多年,卻被 Francesca 的先生在病床上的一句話感動:「我明白妳有很多的夢想,很抱歉我沒有替妳實現」。他們之後相互擁抱,Francesca 在丈夫的額頭輕輕一吻,似乎在說:「我知道你的明白,但這是我的選擇」。很多人覺得這是一個描述婚外情的經典愛情故事,但或許也是個講述愛與責任的先後順序以及關於陪伴的故事。Francesca 和 Robert 四天的愛情在後來的歲月強大地支持了彼此的內心,也讓他們得以專注自己該要完成的事。Francesca 是家庭與孩子,Robert 則是攝影。

陪伴可以用很多種形式存在。在眼裡、在心裡、在生活裡、在對方身邊。朋友以為妻子想選擇的是心裡的陪伴,不是朝夕相處,那句「沒有保障」早已遠遠超越他能理解的範圍。他不明白這個道理其實很簡單,因為這八年來他們從來沒有真正走進婚姻。沒有一起消磨過生活的無奈與無趣,把薪水的一半交給對方又有何意義?

我在大家庭長大，看著上一代人的婚姻生活成長。爺爺奶奶在家裡基本上是不對話的，他們若有什麼需要問對方，我和妹妹三人就是傳話筒。一旦他們面對面說起話，肯定是吵架。可有趣的是，無論架吵得有多麼難堪，他們從來沒有分房睡過。奶奶依舊在近晚上九點喊我過去掛蚊帳，把床鋪整理好，等著爺爺上床睡覺。我後來明白，這是關於陪伴的默契，每一對夫妻都會有屬於自己的方式與底線。

之前接受雜誌訪問，編輯問我與丈夫維繫情感的方式是什麼？因為工作緣故，我們經常一分開就是大約兩週的時間。我的答案可能是太不精采了，編輯有種「什麼？就這樣？」的疑惑。某人出差結束後就愛早早回家吃飯，然後賴在沙發上與貓耳鬢絲磨，接著打打電動、看看國家地理頻道。這當中我們聊天喝喝東西、吃吃水果，有時候工作的電話或訊息一來，各自去處理公事。這幾年來，連一起旅行的時間都很難敲定，也許有些遺憾，但誰都沒有埋怨。我是夜貓子，但某人到點就會昏睡。於是只要他在家，我的作息才跟著正常。隔天若是工作不趕早，我會做早餐沖好咖咖，一起就電視新聞聊聊時事或八卦。我的婚姻似乎從婚禮開始就註定從此跟浪漫沾不上邊，家常的近乎平凡沒有什麼恩愛可以秀。

年前腰傷最嚴重的那幾天，某人上完廁所後（為什麼是上完廁
所？）忽然對我說：「妳不要一個人搬重物了好嗎？等我回來。」
是我太健忘還怎麼了？這竟是這幾年來他說過最動聽的一句話。

───────────────────────────────────── 凱特謎之音

　陪伴是一件很簡單的事，但往往很多人做不到最後。

12

新鴛鴦蝴蝶夢

一個女人在櫥窗前把自己的倒影與店內的婚紗重疊。
這個鏡頭老梗不知道害慘了多少代嫁女兒心。

于美人上康熙打書聊離婚，她在節目中分析能白頭到老的夫妻百分
比少的令我驚訝，看完後我疑惑：「既然如此，為什麼身邊還有這
麼多大齡女青年如此恨嫁？」結果這麼糟糕，幹嘛飛蛾撲火？

不知道你周遭有沒有這樣的案例，或者其實就是上一代人的婚姻。
先生工作不如意，失業後就窩在家裡，經濟由太太一手扛起還要操
持家務養孩子，再不就是對方賭博、炒股、做生意、欠一屁股債讓
妻子去償還。有的人酗酒鬧事、打老婆小孩，有的人雖不至於這麼
做，但擺明是個無賴。能像于美人做到「放手是最好的祝福」我們

喜於樂見，可事實是，有些女人至今都還扛著婚姻帶來的責任，隱忍著不離婚。

BBC 有一部紀錄片叫做《The Up Series》，中文名稱叫做《人生七年》，從 7 歲開始每隔七年記錄十四名男女一路到 56 歲（最後一次播出是在 2012 年），導演的初衷是為了批判英國社會階級貧富乃與生俱來的模式無法改變，但最後這部記錄片帶給人們的啟示卻遠遠大於當初所預設的探討，而其中有項就是婚姻對於女人的影響這部分。一個女人可能因為一場婚姻而改變原本的生活，相反的也可能因為婚姻誤了自己一生。婚姻是女人命運的轉捩點，透過婚姻妳很有可能從此走向不一樣的人生。

我當時對這一點結論相當震撼，震撼的原因在於──我自認是個獨立自主的現代女性卻無法反駁這個論述。如果未婚，有人告訴我「婚姻是女人命運的轉捩點」應該會被我送上白眼加無數隻奔騰的草泥馬。但今天我已婚了，我從他人的婚姻以及自己的婚姻中發現這個說法竟然是個事實，而且還是無論你多麼強大都無法改變的事實時，我竟然有點⋯⋯不知道該說什麼才好，只能沉默。

於是乎我們看到有女人不停嘗試婚姻，結婚離婚、又結婚又離婚，三個孩子三個父親。她把婚姻當談戀愛一樣的經營，她無懼、她勇敢，每次離婚都是她不肯向命運低頭的證明。有的女人則是痛苦到在心中自殺和殺對方一萬次了卻還是不肯離婚。而明知道離婚率很高卻又嚮往婚姻的女人多到數不清，甚至有些還認為 30 歲前沒把自己嫁掉是一件丟臉的事。婚姻如果是門科學該多好，偏偏它不是，它就是所有不科學的總合。

有人對我說過這些話來描述社會對男女的價值觀：「男人犯下多麼大的錯誤最終都會被原諒；而女人犯下的錯誤哪怕再小一輩子都會被提起。」忽然覺得離了兩次婚又跟小 11 歲的謝霆鋒複合的王菲，她的人生就是一帖大寫的心靈雞湯。

不管踏進婚姻或離開婚姻的理由是什麼，我們的目的都是在為自己的人生尋找一個可靠的小夥伴，畢竟婚姻確實會改變妳原有的生活。有些人牴觸婚姻這個制度選擇同居不婚，表面上看起來可以規避一些責任，但本質依然是作為伴侶的意思。剎那間我有點明白那些隱忍著不離婚的女人的心情了，或許，離婚等於間接承認了當初的眼光有問題，中間經營的過程有問題，而這個錯誤卻不是想像中

這麼容易被接受,於是心甘情願付出一生的時間來掩飾。自由戀愛的我們尚且如此了,更何況相親結婚的老一輩?

其實開篇論述的立場便有點偏頗,一場婚姻的結束有各種理由,不一定全是男方的問題。只不過無論結果如何,婚姻對女人的影響遠遠大於男人卻是不爭的事實。

凱特謎之音

一個男人最失敗的不是一事無成,
而是每個離開她的女人都覺得自己當初瞎了眼。

13

不單身的新獨居年代

獨立女性包含對自己住的空間的主導權，
卻經常在戀愛時敗給了同居。

女朋友接受某時尚雜誌的訪問，議題大約是「快樂女子獨居」。拍
拍她的居家風格，拍拍她在屋子裡的種種。雜誌要傳遞給讀者的信
息與她自身的想法有些出入，例如，編輯希望她穿著輕鬆的服飾
（就沒開口說出是運動服吧）開心地大笑。理由是：

「這樣才是居家的樣子呀。而且我們要讀者知道一個人也可以很快
樂。」

「大笑，笑開來，妳要綻放，快樂地綻放！」

老實說，我跟女朋友都覺得編輯的想法……土到爆炸。

獨居是否就意味著「單身」？這是個有趣的聯想。單身女子獨居聽起來很悲涼，於是加上「快樂」去除「單身」。老實說這樣的刻意感覺更加悲涼了。況且未必每個獨居的女子都是單身啊。

「怎麼就沒想過選擇獨居的目的其實是要帶人回家呢？」女朋友打趣說。

我笑了而且不停點頭。

絕大多數的女人依舊被動選擇被帶回家而不是說：「要上來喝杯茶嗎？」想想，如果出嫁前都窩在父母家，是根本沒有機會說這句話的。當然，更多數的女人是被動等待接受鑰匙而不是說：「這是我家鑰匙，想過來就過來吧！」於是，分手後永遠是打包行李滾出去的那一個。(女人以為男人給鑰匙暗示著他好愛我，事實有可能是他不過懶得去找妳或送妳回家，而且缺少一位打掃阿姨)

既然有男友為何不同居？也許你要問。兩人住在一起能長時間相處幫助情感更深厚；可以節省費用，多出存款一起去旅行；可以相互關照，可以互相依賴，可以……同居的好處當然列舉不完，但越高

度的黏著，越讓人陷入一種慣性。少掉距離的結果，能讓兩人考慮步入婚姻，卻也有可能因太過穩定而變成規避婚姻責任的一種委婉藉口。

婚前各自有房獨居（哪怕是租屋），代表你能隨時來過夜，但這個家始終還是我一個人的。我需要獨處的時間做自己的事情，而那件事或許是反覆練習做一道料理，然後等待時機驚艷男友的味蕾；或許是執行一套自己編輯的鍛鍊動作，維持體態；也經常可能是抱一桶冰淇淋或炸雞追韓劇或愛情電影；甚至這方天地有時是為好閨蜜準備的，一起安全地無限暢飲酩酊大醉。

女人需要祕密執行一些事，祕密使女人充滿魅力。

因此以快樂獨居之名向世界宣告沒有男人也很快樂根本多此一舉。而會把獨居跟單身剩女作連結的人註定跟妳不在同一個星球上。與其等待那把鑰匙，何不自己擁有一把，歡迎對方過來？而自己搬出來住意味著某種程度的經濟獨立，精神獨立，態度獨立。於是終於有方天地可以肆意地裝飾成妳要的樣子，並承載妳的任性，同時幫助妳了解真實的自己。一個人住當然也很危險，因為太過任性、自我而缺少包容別人的能力（所以要談戀愛喔）。獨居不單身，這個地方永遠是進可攻，退可守。

「妳打算再獨居多長時間？」最後一道訪題問。
「當組建了自己的家庭之後，應該就是獨居形式上的結束吧。但祕密基地有一個出口與入口只有自己知道。在那裡，永遠都是獨居的喔。」（眨眼）

這應該是我聽過最完美的答案了。

凱特謎之音

提醒獨居女子，婚前不要輕易讓男人賴在妳屋裡。那會是比同居更可怕的事。

14

妳為誰穿衣？

在一段關係裡，
堅持自己的時尚品味才能堅持得住其他。

朋友開了間服飾店，她告訴我，只要是情侶來店裡挑選衣服，80%
以上男方點頭表示好看的那件最後都會買單。
「因為是男人付的錢嘛？」我問。
「才不是呢，是女生自己買的。卻選擇男人看著喜歡的。」她說。
我笑了。

從古至今，「女為悅己者容」的真理並沒有隨著女權高漲而被打破。
許多喊著做自己的女人一旦陷入愛情，連品味都開始投其所好。這
類人通常被我稱呼為「變形蟲女友」，從文藝青年到重金搖滾，從

騎單車到重型機車，她們用整個戀期的生命做角色扮演。倒不是我特別在乎這些形而外的東西，只是為對方改變穿著喜好這件事確實很值得討論。對某些人來說被稱作原則的，在其他人心中可能連底限都沒有。就好比父母插手干涉婚姻越多，子女幸福的比例越低一樣，在愛情裡你放棄的自己越多，承受的痛苦也越高。

男人看女人的眼光與女人看女人的眼光永遠不會落在同一個點上。要男人幫妳決定穿什麼衣服，如同要妳幫他選擇看哪部 A 片一樣。我甚至有些不明白女人為何樂於為男人變換品味？

「因為老公（男朋友）喜歡我這樣穿」，妳一定聽過身邊的女人說過這個理由。

如果外表與品味是優先讓我們被對方吸引或吸引對方進而成為男女朋友的條件，那麼根本也就不存在日後改變品味、試圖迎合對方的道理。穿對方喜歡的衣服做某種裝扮，可以是種情趣，卻不該是女人穿衣唯一的標準。相反的，對男人也是。當我們保留對方擁有對自己穿衣的選擇權時，更多時候是一種尊重與認同。而這種尊重與認同恰恰也顯示出雙方在愛情裡給予的空間與信任。

Leandra Medine 是紐約著名的時尚作家、部落客。Blog 名稱叫做「The Man Repeller」，意思是男人排斥、討厭的（時尚）。她說時尚之所以有趣是建立在那些被男人討厭，而女人卻喜歡的不得了的事物上。「男人們看不懂，也無從欣賞的有可能往往都是當下最流行的趨勢」——她的 Blog 以這個論調為中心思想，而她本人沒有主流認定的美貌，卻以好品味征服時尚圈。Instagram 迄今累積超過百萬的粉絲。穿著被男人認為很醜，卻被女人視為時髦的衣服，這就是流行吧？管男人懂不懂？那都不是重點。真正的時尚災難是那些男女一致認為糟糕的。

Anna Wintour 曾經說：「（全紐約）我們都是為了 Bill 而打扮」。Bill Cunningham 是紐約最著名的街拍攝影師，為了被他拍進鏡頭裡，紐約的女人都願意好好打扮才出門。而以又青姊的說法則是：「這個城市有一雙眼睛，正在尋找我。」所以踩著高跟鞋下樓倒垃圾，為那不容出錯的四目交接時刻。女人有時為那一點虛榮而穿衣，想證明自己，想表現自己，同時還要假裝不著痕跡。這一點傲嬌比起為男人改變品味或者迎合趣向都來得可愛一些不是嗎？

凱特謎之音 ————————————————————

　　一個人的終極品味不是她（他）穿戴什麼樣的服飾，
　　而是她（他）身邊站了一個怎麼樣的伴侶。

15

選擇一種生活好好過

你會有自己最喜歡的那種時尚風格，
也會有自己最喜歡的那種生活。

前幾天在微博收到一個女孩給我的私信，大體是說自己在關注我之前生活中有很多的煩惱與不如意困擾她，但自從看了我的文章之後，無形中給了她一些啟示，開始慢慢地改變她，使她從一個茫然的人轉為向更堅定自主的女性前進。

她不是第一個寫這樣一封私信給我的女孩，每每看到諸如此類的內容都會讓我的心情很好。為什麼很好？不是因為自己的影響力，而是感覺到自己想傳遞的聲音被人聽見了。要知道像我們這種話癆部落客，等待粉絲留言給你就像期待樂透開獎一樣。沒有對話，沒有你來我往，就是死海一片了無生趣。

不過我還是很納悶的，什麼時候我竟變成懂得生活、獨立自主的女性標竿？既不像其他人一樣把自己的生活攤在臉書或微博上連載，也不總是嘮叨生活的瑣碎。何以大家還是把我歸類並標籤了？當然，這是一個高於自身認定標準的標籤，受寵若驚。

生日那天跟好友 Bianca 一道吃了生日下午茶。聊了幾個沮喪的話題之後聊到一灘爛泥。所謂「爛泥」在我們話題裡的意思就是──把自己生活中的一切過得亂七八糟的那種人，而我跟她都各自有認識的爛泥朋友。爛泥從工作到情感到個人衛生都追求三個字，那就是：做自己。但那個自己真的不怎麼樣，於是就變成一灘爛泥，把身邊的人都攪和進去。

朋友說，人生有時候需要爛泥一番。我不置可否。我是拒絕做一灘爛泥的，而我對於「做自己」這三個字的解釋則是：

1. 負責任。
2. 不傷害他人或自殘。
3. 承受得起失敗。
4. 不把做自己放嘴邊，逢人遇事就說。

對於母親而言，某些程度上我算是任性的孩子。沒有按照她的想法畢業後就去銀行工作，結婚生子過穩定的日子。我像大多數南部的年輕人一樣嚮往台北的繁華，結束學生時代之後就迫不及待的北上尋找夢想。這是個再普通不過的故事，但給我的啟示卻是：我終於有了選擇生活的權利。

所以，當你擁有絕對的自主權可以選擇過什麼樣的日子卻過的一塌糊塗時，那就是你的問題了。

有一陣子，流行辭掉工作去世界旅行。有一陣子，流行放棄高薪去賣雞排。女生嚮往一家充滿自己品味的服飾店，文青希望開一家低調卻能顯得智商很高的咖啡館。男人都想創業，中年都不想失業。旅行回來的人終究要面對花光積蓄又要再度投入就業市場的現實；賣雞排的白領菁英才發現原來沒開店就沒錢賺，雞排還不是隨便炸就好吃。女生發現自己的品味不被大眾接受，庫存一堆。文青發現開咖啡館可能是這輩子做過智商最低的一件事。創業的男人做什麼倒什麼，根本走不到融資的階段。中年啊，最幸運的失業是還有遣散費可領而不是叫你把假放一放。

選擇什麼樣的生活好好過跟你自身的能力也許成正比，比如說：經濟。但其實除卻那些超級有錢的人之外，我們誰也沒有比誰富有。於是，成事就在於心態了。好朋友在臉書上有感而發，而她正巧就是我心中某些懂得把日子過好的那類人。她在 WeChat 朋友圈狀態上看見自己的母親發了一張出差返家前東京夜景的照片，於是寫下：

「突然發現這就是我的嚮往：
有無須擔心的家人，有需要你的場域。
有能力給自己買酒，能享受片刻自由。
有期待你出差回家的人，有還能行走的身體。
有仰仗你付出的事業，有可以選擇的能力。
當然狀態會改變，但此刻真的很棒，不是嗎？」

我不是一個多麼獨立自主有想法懂得生活的人，我只是選擇了一種自己喜歡的生活模式，好好地過罷了。

凱特謎之音

難過的往往不是生活本身，而是你不了解自己。
難看的往往也不是衣服本身，而是只要再瘦三公斤。

16

精緻是一種本事

沒有人有義務必須透過連你自己都毫不在意的邋遢外表
去發現你優秀的內在。
如果你真的優秀，就不會棄表面於不顧。

很久以前某人做過一個夢，這個夢任我說給誰聽之後都會先拍手大
笑然後表示贊同。夢境是這樣的：半夜，家中起了大火，他一把拉
起熟睡的我說：

「快！我們快逃啊，失火啦。」同時準備往門口跑。
「唉呀，等一下，我還沒化妝呢。」我說。
「都快被燒死了還化什麼妝啊？」某人發飆。
「嗯……那換個衣服總可以吧？」

不知道平常的舉動到底造成了某人多大的壓力，好讓他在夢裡把我夢成這副德性？反正，聽到這個夢的早上我雖然覺得過度誇張，卻無法反駁，心裡好氣又好笑。後來我辯稱這透露的是一個人對自我的基本管理意識，起碼連逃難時都要有自己的 style（抓住某人的肩搖晃，是不是？是不是？）

聽過一句話是這麼說的：「20 歲時的好看是優勢；30 歲之後的那叫做本事」。一個人的自我約束力從十幾年如一日的飲食控制、規律作息與運動習慣可以窺見，這樣的自律上升至心智就變成一種強大的可能。而強大非一朝一夕能培養出來，在此之前必須付出無可計算的努力才行。有了始終如一的自我約束力之後，從內而外影響的就是與個人所有相關事物的呈現。

爺爺是第一個讓我意識到這個道理的人。從小，只要他離開床，就從未見他衣衫不整、邋邋遢遢。他連洗個臉都是講究的，從水的溫度到毛巾、到刮鬍子用來沾肥皂泡沫的刷子都有他自己要求該有的樣式與程式。洗完臉後換上襯衫與西裝褲子，梳個油亮且一絲不苟的髮型，才會坐上沙發泡茶看報紙。他早上四點起床運動，晚上九

點準時上床睡覺。當我開始懂得觀察爺爺的時候，他都已經 70 歲了。他的食量非常固定，對於喜歡吃的東西也不過量攝取。身材從年輕到老一直維持著。反觀奶奶小他 14 歲，卻看著比他還滄桑。

爺爺並非出身於富裕的家庭，但受到的教育與社會經歷卻逐漸培養他成為一名士紳。除了穿著的準確度之外，重點在於認可並掌握自己的生活，在能控制的經濟範圍內達到對生活品質的講究與追求。後來交往的朋友裡，凡是能與我越走越近的都是這類的人。他們穿衣有腔調，生活內容有腔調，活得認真而精緻。這種素養無關乎金錢與地位，反而比較像是一種選擇。

跟我一起工作過的人幾乎沒有見過我素顏出現在攝影棚或者任何工作地點。即使是一早六點班機的機場大廳，我依舊是完妝且穿戴整齊的出現。這代表必須早起兩個鐘頭先打理自己，我甚至會先喝過咖啡、吃過早餐、上過廁所。看起來精神奕奕並在狀態內，是我對自己專業的基本要求，因為無法控制環境與其他人為的變數，只能反過來先要求自己隨時都準備好。犧牲兩個鐘頭的睡眠時間可以換來整日的專注而非慌亂，我覺得非常值得。但就我所知，很多人是辦不到的。難度在於持續與堅持。某人的夢境代表的也許是我平常給人的感覺：愛漂亮，超級愛漂亮。出場必須閃光，轉身也要華麗。

為此，我寧可爭取逃命的最後一秒鐘做我認為自己該做的事。

精緻是一種本事，也意味著必須付出等同的代價，而且是一輩子的
堅持。選擇過什麼樣的生活？做什麼樣的人？到底有多難？直至目
前為止我還無法在真正意義上滿意自己的生活，有多難我知道，而
我願意繼續努力下去。

凱特謎之音

好多人跟我說他們熱愛時尚好想從事時尚工作。
但如果你連自己都懶得「全方位」去打理，那所謂的熱愛可能連喜歡都談不上。

17

Fuck you money

透過穿衣的態度表達自我，
透過工作變得有錢才能自由。

在 Facebook 專頁分享影音專訪時，我就自己對工作（事業）的看法寫下了「女人絕對不能輕易放棄的，是工作。在愛情、婚姻、友情面前，工作（事業）是唯一能養活你，同時帶給你自信與人際關係的東西。唯有認清這個現實面，你才能跨越經濟帶來的煩惱，同時有其他心力去獲得愛情、婚姻與友情。」這篇文要來深入談一下我對於金錢的看法。

從小，妹妹們就給我取了個綽號叫做「愛錢的女人」。我做什麼事情的動力都是為了錢。例如參加比賽或考試拿滿分，除了榮譽之

外，獎金或獎學金才是驅使我去做這件事情最大的動力。而且，我一定會拿到。當所有小朋友拿著零用錢去買零食、玩具的時候，我幾乎都是存起來買為了取得更好的成績並拿到獎金的東西，例如畫圖的顏料工具之類的。你能相信嗎？國小以及國中這九年下來，我從來沒有去過學校的福利社買過一次零食。我的寒暑作業永遠都是最精彩的，雖然也覺得這些作業很無聊，但想到有獎金可以拿，說什麼都要做的漂漂亮亮，內容豐富。

因為有著繪畫設計這個小技能，我在求學打工時就已經看不上時薪台幣 60、70 元甚至是 100、200 元的餐廳或速食店的工作。我去洽談幼稚園的海報以及教室佈置，或者幫商店畫 POP，在二十多年前手工完稿的年代，一個月其實早就能賺超過目前大學畢業的基本薪資 22K 了。也許是因為念了商學，也許是自小就清楚母親沒有多餘的錢能給我買課業以外的奢侈品，透過工作賺錢的目的達到自我成長以及學習經驗這個愉快的過程，讓我開始期待自己的職業生涯。

待過最久的公司不超過三年，但都是在設計的領域。我藉由跳槽來提升自己的薪水數字而不是在體制內升遷。在我決定轉業時，只看

看了存款數字便遞出了辭呈。雖然這筆存款不多，甚至在轉業還沒真正成功時我早就花光了，但沒有這筆錢，我也沒有後來的第一桶金。

國際影星劉玉玲曾在接受採訪時說了一個有趣的段子，這是她的底氣與人生座右銘，她說：「我從父親那裡學會了一件事：『任何事的本質都是筆生意』。所以我努力賺錢，為自己存了一筆 Fuck you 基金。這樣，當我不喜歡某項工作的時候，我就可以不委屈自己，轉頭走人並烙下一句『Fuck you』。」姊有錢，姊不稀罕賺這個錢。

當時看到這則訪問時內心感受很深，也更加確定從以前到現在我對金錢的觀念。透過工作你不僅僅能提升自己，還能養活自己。而有錢的目的就是為自己爭取生活中最大的自由！不用受限於某種選擇，甚至是毫無選擇。

有位朋友，是個不婚主義者。我曾經跟他聊過為什麼如此確定不結婚的話題。他的回答非常實際而且肯定，他說：「我想要把我自己賺的每一分錢都花在我的家人或自己身上，而不是娶一個老婆然後花在她跟她的家人身上。有我的家人和狗已經夠了，我要在 45 歲

時退休，玩遍世界，剩下的錢就是養老跟醫藥費。」人能對自己這麼誠實與了解透徹也是一種智慧，而他雖然現實、把錢看的很重，卻也同時大方、夠義氣。他讓我想到那些沒有結婚的大齡女青年朋友們，當情感無法依靠的時候，金錢會是唯一的依靠。身為女人，妳更應該要有錢。

錢不是能帶來尊嚴的東西，卻是唯一能讓人失去尊嚴的東西。這種例子多到不忍心寫成故事，其中包含那些一心一意想嫁入豪門或被包養的女孩。而替夢想背書的除了自己個人的努力外，錢也是唯一助手。不然夢想實現的可能也會因此打了折扣。需要多少 Fuck you money 才能做自己，也只有自己才清楚。千萬不要再說別無選擇了。

凱特謎之音

上世紀初美國影壇有位明星叫做凱薩琳・赫本 Katharine Hepburn。曾四次獲得奧斯卡最佳女主角頭銜。她給過女孩們一個忠告：「如果妳可以在金錢和性感之間做出選擇，那就選金錢吧。當你年老時，金錢將令妳性感。」

18

藏於民間的情感催化劑

逛了之後不會讓人產生結婚慾望的家居用品店
不能稱為時尚的家居用品店。

在朋友圈內我們對剛剛才戀愛不滿三個月的自己人都會苦口婆心強
烈叮嚀：「不要跟你的女（男）朋友去逛 IKEA」。

「為什麼？」你會問。

因為在關係不確定的當時就去逛家居用品店是會中邪的。女的開始
織夢，幻想有個家庭；男的則產生莫名奇妙以結婚為前提的錯覺。
尤其 IKEA 陳列的樣品屋又那麼真實，沙發可以坐，床可以躺，從
客廳到主臥到兒童房，身歷其境。甚至走到廚房換件圍裙就想上演

「今晚你想吃什麼」的戲碼。簡直比全家還要更像你家。而在邊逛邊討論喜歡什麼居家風格的時候，愛情就此無聲息地被上昇催化了。

於是，當有人提出自己將受邀於下次約會「順便」去逛 IKEA 時，剛吸進吸管的冰拿鐵因要開口說話瞬間就流回杯子裡了。

「什麼，你不會答應了吧？」我們緊張地問。

「是啊，有什麼辦法呢，她說要去。」你喝了一口保證不是吸了又回去的冰拿鐵。

「但我已經研究好 IKEA 的館內路線，直接帶她去，買到就付錢走人。」你信心滿滿。

我們憂心忡忡看著你滿臉自信把握，因為過於擔心都不好意思叫你傻逼了。此時連「呵呵」兩字可能對你都過於嚴厲，但確實只有傻瓜會小看量販賣場精心策劃過的陷阱。那種路線規劃就是要你把全館都走一遍之後，想買的忘記買，卻拎走超過預算的東西。誰沒上

過這樣的當？誰曾經全身而退過？而 IKEA 也是如此，不僅如此，它更萬惡的地方在於讓情侶逛著逛著就想在結束後直接回去滾床單、造小人，共建幸福家園。前提還消費你們一把，買了家裡其實也沒有非常必要的東西。

在這樣的情勢下你竟然還敢去挑戰？竟然還天真的以為你會是不受蠱惑的唯一？如今在面前給你出謀話策的老哥老姊以過去的受害者之姿坐鎮都無法給你警惕？你，你，你……你難道不懂有些武器是藏於民間用來隱藏殺機的嗎？

「不過就是 IKEA 嘛。」你再次喝了一口保證不是吸了又回去的冰拿鐵，語氣毫不在乎。

我們沉默的彼此交換賊賊的眼神，確認下次約會是讓你們感情迅速發展的關鍵時刻。到時候你就會清楚的明白，IKEA 從來就不是 IKEA 這麼簡單而已。

有需要緊急升溫的戀愛進行式嗎？趕緊送去 IKEA！不要耽誤。

19

讓彼此都有錢

品味與金錢沒有絕對正向的關聯，
但經濟能力不足的情況下，
想提昇時尚品味的高度與廣度確實是有難處的。友情也是。

很久以前我聽過一句話：「維繫友情最好的方式就是讓彼此都有錢。」

這是一個前輩說的，後來陸陸續續有人跟我反應過類似的感悟。在職場、在人際關係上，讓自己與朋友都有所提昇，才是進入社會之後維持彼此友情最有利的方法。我當初是疑惑的，甚至覺得他們好勢利，直到這幾年才逐漸體會到：原來所謂的「有錢」，其實是指彼此幫助並提昇友情的品質，讓它一直維持在相對的水平上。

朋友圈其實是一直在變化的，因為你的生活和經歷也一直在變化。在成人世界的友情法則裡可以長久維繫的情感靠的不是曾經重疊在一起的歲月，而是彼此在人生道路上的相對提昇與成長。這種友情維持起來特別困難，可一旦被堅持住了，絕對是非常稀有且珍貴的。

兩個人在一起很有話聊、彼此感覺舒服可以體現一件事情：你們的價值觀差不多。而直接影響價值觀的是一個人生活的方式與工作累積下來的人生軌跡。這些水平讓你們在起點上有所共鳴，可以聊在一塊兒，然後彼此激勵。我們說的磁場與頻率對上了，也許就是這種感覺。我有一個好朋友，我們曾經是客戶關係，當我離開台北到北京之後，依然維持著緊密的接觸直到現在。她的事業體比我大的多，我經常向她諮詢管理與經營的問題，即便在我的工作中能夠真正運用的極少，卻有助於我的邏輯思考。而我則提供她關於個人經營方面的建議。我們彼此需要幫助的時候不問酬勞與代價，有時候僅僅是事後請吃一頓飯而已。有人覺得對方在獲得幫助後得到的利益大於請吃一頓飯而必須有相對的利益回饋才值得，可事實證明這並非長久維持友情的方式，唯有讓彼此凌駕於金錢之上，得到真正意義的提昇與協助，才可以在此良性的循環之中一直是朋友。

上述情況是一則佳話，接下來談的則是我個人在成人友情世界的情傷。

初到北京時我不認識任何人，可說是一切從零開始。輾轉從以前在台北認識的人中間接得到一些工作機會。因為是透過人介紹的，所以我等於肩負了兩種責任，一是對自己的專業，二是介紹人的背書。我對後者更加謹慎與重視，而介紹人也因為我的可靠，得到上級的贊許。越來越多的機會讓我與她接觸更加緊密，對於這種雙方都得到成長的關係我曾經沈醉在其中，默默的於內心將她視為貴人。之後在一次吃飯的閒聊中，她與我討論起同期的同事已經在北京三環精華區置產的事，告訴我對方用何種方式跟客戶拿回扣，迅速累積資產。當下我有種不明快的情緒，暗暗希望內心所想的事情不要發生，但後來依然收到她告知之後發給我的案子都要酌收費用的 10% 作為佣金的簡訊。這段友情退回到很單純的僱傭關係，直至她被公司調查出此事解雇。她沒有跟我說被解雇的原因，但這圈子就是小到任何芝麻大的事都能人盡皆知。她現在偶爾會出現在我微信的對話欄位，每次出現都是尋求幫忙或問我有沒有人可以介紹，以這個方式開頭，以有空出來吃飯或喝喝咖啡結束。我依然給她我可以提供的協助，但我知道她永遠不會再開心地與我坐下來吃頓飯或喝咖啡了。

有一則學生時期的老梗故事相信大家都聽過：大考將近，好朋友聚在一起相互嚷嚷：「怎麼辦，我都沒有念，完蛋了啦」。這當中有些人是真的沒有念，有些人是成績出來她考 100 分妳才恍然大悟。成人的友情中也有這種人，問她什麼關於工作上的事情她都含糊帶過，結果有一天她就變成妳的上司或跳槽到其他更大的公司、更好的職位了。我跟朋友討論過這種同行相忌的情況，他的回答讓我豁然開朗，他說：與比自己更優秀的同行一起只會學習到更多，不會失去。他沒有義務告訴你什麼，但如果他願意跟你分享些什麼，這些談話中一定有可以激發你的片段。與實力差不多的同行一起，你們互相發掘的是從對方的問題裡去避免彎路與自省，如果有機會結盟與合作，也是好機會。與目前實力稍弱的同行一起，透過給予協助也能回頭激勵自己。同行真的相忌嗎？或許更因為是同行，你們才能在這個競爭激烈的大環境中比其他人更有惺惺相惜的機會，就看你從什麼角度切入了。

之前回台北，我與好閨蜜在一個充滿年輕人嬉笑喧鬧的餐廳吧台上聊了一整晚目前的生活難題與工作規劃。她下班把孩子安置妥當交給先生之後就與我赴約。我與她相識於彼此最初在台北的第一份工作，迄今超過 15 年，後來彼此都離開公司轉換不同的跑道。之間我們陸續結婚，結伴旅行，直至她懷孕生子。有些女孩的友情在某

一方懷孕生子後就會開始起變化，而我跟她卻始終能聊在一起，在工作與私人領域都扮演彼此重要的角色。別人看來感覺好像理所當然的友情背後，我時常在想：什麼原因讓我們即使分處兩地依然可以歷久彌堅？除了雙方的價值觀相去不遠之外，更多是我跟她在人生的追求上有著一致的向上慾望。這樣前進的步伐自始至終帶領著我跟她，我們一起變得更好，所以才一直沒分開。說來好笑，我一直不相信其他人告訴我有孩子的好處，直到她經歷過將事實擺在眼前讓我看見與感受，我才對有孩子的人生有著意義上的認同。

既然都決定要當朋友，何不讓我們彼此都有錢？在精神上、在物質上、在未來的路上。

———————————————————— 凱特謎之音

有時候讓友情變窮的並不是金錢本身，而是你只想要讓自己有錢。

20

中年有感

中年在人生階段中扮演著承先啟後的角色，
值得被好好對待。

人到中年。

差不多年紀的朋友紛紛晉升主管階級，更有能力者甚至已是頗具規
模的公司老闆。有人失業，有人即將失業，有人待在同一個工作職
位一待十幾年沒有上調，薪水是個難以開口對自己交代的數字。幾
家歡樂幾家愁的中年職場現象，而剛畢業那會兒，誰不是躊躇滿志
的向前程奔去？

某人發現當年的同事朋友有些已經說不上話了，他問我：那妳的朋
友呢？我說還可以。從一個雇員到一個中小企業老闆的跨度讓他失

去了某些與同事對話的可能。「換個位置就換個腦袋」，他說這句話一點都沒錯。我問：「為什麼沒錯？」他說：「考慮事情的深度與廣度不同了，責任不同了，任務不同了，腦袋豈能相同？」

中年的友誼確實是有點悲涼的，因為工作生涯所積累下的刻度，讓你被動地與某些曾經生命交集的人距離越來越遠。他們埋怨你非從前，而你對他們的停止向前與眼中漸滅的火光感到惋惜。這是年輕時天真的我沒有想過，現在卻愈發覺得殘酷的事實。

工作在中年男子身上畫下的痕跡相對比女子深刻，或者該說是已婚的女子。許多我所認識的優秀女人因為婚姻伴隨而來的家庭關係紛紛減少工作或甚至抽離職場。從此，婚姻與家庭變成她們的重心，與命運綑綁在一起。經營婚姻與家庭變成已婚中年女子最大的幸福來源，即便是女權主義者也無法漠視這條鏈帶的重要性。

到了中年，足以讓你經歷好幾場結婚典禮，吃好幾盒彌月蛋糕或油飯，然後平心對待朋友離婚的消息。那些沒有結婚的人用各種糾結情緒告訴你單身快樂，卻在每次約會時都希望以結婚為前提。大齡單身男叫做黃金單身漢，跟 20 歲女孩約會沒有人會說是老少配；大齡女青年叫做剩女，開始篤信某種宗教，追求心靈上的豁達與無

為。你以為只有結了婚的中年人才會逐漸認同社會裡某些普世價值，但其實只要是人，步入中年後都會慢慢地向普世價值靠攏，與是否結過婚無關。年輕時唾棄過的價值觀，在中年有可能會狠狠地抽你幾巴掌，然後讓你奉為圭臬。

所以中年是什麼？要嘛就在工作上飛黃騰達，要嘛就在婚姻與家庭裡如魚得水。既飛黃騰達又如魚得水，現在有一種官方說法叫人生勝利組。我很討厭這個詞，但今天卻覺得除此之外別無形容。年輕的時候你可能買不起房子，也不知道什麼叫做生活；到了中年你依然買不起房子，但有可能漸漸體會並了解到適合自己的小日子是什麼了。

在班傑明的奇幻旅程中，班傑明與黛西終於在中年迎來人生中最匹配的時刻。
也許這就是對中年最美的致意。

21

溫柔的力量

溫柔是女人最特別的天賦，是低調而內斂的。
像經得起時代考驗的經典款，
永遠比張牙舞爪、譁眾取寵的設計來的偉大。

我的母親是一個很平凡的人，卻用沉默的身教，告訴我許多道理。
倘若我有什麼值得被稱讚的優點，這都得感謝我的母親。

七歲的時候，父親因為一場意外過世。身為長媳，母親肩負起所有
的責任與義務帶著我與妹妹三個孩子與爺爺奶奶同住。自我有記憶
以來，母親每天五點鐘起床開始所有家務，包含做三種不同的早餐：
我與妹妹們吃的，奶奶的早齋，爺爺的稀飯與配菜。至於她自己吃
什麼，我從來都不知道。同時張羅好午餐飯盒讓我們帶著上學去，
然後她八點準時出門上班。若下班的早，晚餐肯定是母親來做，若
有事需要加班，則由奶奶負責，她再回來收拾接手。

奶奶與母親的婆媳關係一直很微妙，隨著我越來越懂事之後便發現，母親在奶奶心中是這個家裡最不重要的人。奶奶對我們極好，但把母親置之於外的態度經常讓我矛盾。護著自己的母親，我在青春期時沒少過跟奶奶頂嘴。就我這尖牙利嘴的小丫頭片子根本不用向天借膽，回嘴的話能讓奶奶七竅生煙，血壓高上好幾個刻度。母親回來知道，總私下告誡我不可以惹奶奶生氣。因為奶奶身子差，經不起這樣的搞騰。

從小到大幾乎就是這樣，奶奶一旦身體違和，第一個帶她去醫院的肯定是母親。而奶奶的病也總像是算準了似的，在寒暑我和妹妹們都放假時發作，母親讓我們白天去醫院陪伴奶奶，她晚上下班過來交接，讓我們回家休息睡覺，自己留守醫院。同個屋簷下，生活的脈絡糾纏在一起，父親的兄弟姊妹也都住在家附近，親戚之間經常走動，大家族之下，母親對奶奶的態度變得極為關鍵。她用溫柔與順從奠定長媳的家族地位，讓我與妹妹們除了爺爺奶奶的關愛之外也同時受到來自姑姑叔叔嬸嬸們的照顧。這個地位不是什麼了不起的權力，而是一種身分的認同，以及對這個家族的回饋。因此，即使我們失去父親，也從來沒有覺得缺少人疼愛過，甚至可以說是在大家愛的包圍下快快樂樂的長大，養成一個健全的人格。

母親的手路菜好幾樣是來自奶奶的指導，或者說，是嫁到這個家後才學會的。她也是幾個兒媳婦中唯一跟著奶奶學做功夫菜的。理由無他，大大小小的祭祀拜拜需要，過年過節爺爺過壽或宴客時都需要。奶奶認定這是長媳必須要會的，把廚房大權漸漸的交給母親，也把這些味道繼續傳承在這個家族裡。當然奶奶對家務的要求不只這些，一個受日式教育長大的女人，瑣碎而嚴謹的做事方式會把一個來自鄉下的女孩給逼瘋。幸好我堅強的母親挺了過來。

曾經我以為母親是認命而傳統的女子，在丈夫去世後沒有帶著孩子改嫁追求自身的幸福，反而留在夫家與公婆同住。在把我們都拉拔長大這個漫長的過程中，面對一個不怎麼善待自己的婆婆還要隱忍諸多，也不允許有太多自己的情緒與私人生活。這種日子如果不用傳統認命來解釋，似乎也找不到合理的規範。是的，我曾經是這麼想的。但後來卻改觀了。

決定結婚的時候與某人和家人一起商討婚禮事宜，婆家的人問我有什麼要求或者自己有沒有想要的形式我都說：「沒有，爸媽決定吧，我們會全力配合」。雖然沒什麼結婚夢，但當時的話卻也嚇了自己一跳，因為不是客套，是自然而然的反應。我評估過婆家要宴請的桌數與他們長男娶媳婦的心情後，與某人決定讓爸媽自己開心怎麼

做就怎麼做。唯一真正親自操辦的事是：在北京的婚紗批發市場挑了婚紗帶回台北穿。

某人迄今還問我沒有一個夢幻婚禮是不是很遺憾？我說：「看你爸媽那天這麼開心風光很棒啊，至於我想要的婚禮如果真的講究起來，怕你當初還真給不起呢。（玩笑）」。母親潛移默化的身教從我決定婚禮形式的那刻起終於體現，踏入一個家庭，以顧全大局為出發點，把自己的需求放在最後。於是她在扶養我們的過程中，有公婆的幫忙，有親戚的協助。我們每天回到家裡一定有人，不用當鑰匙兒童，不用忍受便當或速食。她一個人能給我們的當然是全部的愛，但生長在這個家族，我們也需要來自爺爺奶奶姑姑叔叔的愛，這些不同的愛因為源於血緣無法剝奪，也是這些不同的愛豐富了我和妹妹的童年。

我現在已經無法只為自我滿足做任何決定，考慮到兩家人是最基本的出發點。我沒有覺得因此失去自己，或者說在一個限度之內我還是在做我自己，而在看不見的地方，兩家人其實是默默的幫助與支持我與某人實現那個自己。我的母親用一生告訴我當你結婚當你有了孩子，妳的所作所為都要為這些家人負責，而為這些人負責就是為自己的選擇負責。在看似犧牲的背後，往往是另外一種形式上的

獲得。她並不傳統也不認命，她把身為女人最擅長的溫柔與執著發揮到極大值，並感染給身邊的人。

奶奶過世前最後一次參加家族聚餐那天，是我關的家門。關好門追上去看到的是母親攙扶著奶奶慢慢走的畫面。我迄今無法忘記當時看見這兩個人背影時的心情，那忽然湧上鼻子的酸楚瞬間就模糊了雙眼。這是兩個人一起同時失去生命中最寶貴的男人之後，相互依存的寫照，至於命運是什麼？那些都不重要了。

凱特謎之音

在溫柔背後的往往都是強大的靈魂。

22

拜自己的金

錢是讓人有安全感的東西，那些跟你說談錢很俗氣的人，
通常不是裝模作樣，要不就是未曾窮過。

我從小便知道錢很重要，因為吃過沒錢的苦。知道錢的好處，因為
能買到各式各樣想要的東西，包括人心。能用錢解決的事都不算
事，錢無法挽救的，才是真正的大事。與其說很重視錢，不如說在
藉由追逐財富的過程中也達到了自我提昇。透過工作改變經濟能力
本身就是一件很爽的事，因為這世上能夠雙贏的事畢竟太少了。

「那是因為妳願意工作，只想要花自己賺的錢。但並非所有女人都
有能力賺到自己想花的錢。如果有人願意每個月給出一筆錢供花
費，是會吸引很多女孩躍躍欲試的。」討論時妳這麼對我說。對於
賺錢，妳一直都比我有心得；關於事業，妳也比我有規模。妳甚至

說了一個我至今都無法忘記的小故事：「9.9 成新的包包，知道嗎？」

釣凱子的女人們並非每個都能夠固定被養，有些只能得到一些名牌包當做餽贈。雙方不把錢擺上檯面，能讓彼此心中對於交易這件事看得比較無愧於心。男的送禮，女的收禮，偽裝成男女朋友的關係。然而，女人轉身第一件事就是把剛到手的包原封不動的轉賣到二手店換現金。9.9 成新，指的就是這些。有些男人並不知道女人會把包轉賣掉，甚至透過管道買些高仿的假包來當禮物。被睡過一夜的女人如果能傻傻地用那只包可能還比較幸福，拿去二手店鑑定轉賣恐怕就不是賠了夫人又折兵能形容了。

「天啊，好惡劣！」我驚呼。
「交易市場上都能買空賣空了，假貨當真的送還不算最沒良心的。」妳輕描淡寫地說。

女人爭取了好幾世紀才為自己在職場上爭取到席位，但事實證明並非所有女人都喜歡工作或者有能力工作。嫁給一位養得起自己的男人做家庭主婦依然是很多女人的願望，甚至有工作的女人看著能給男人養的女人也會產生莫名的羨慕，覺得對方命真好。賺錢工作在男人世界理所當然，到女人這裡卻變得微妙。既然能自己賺錢為何

又期待可以花男人的錢呢？張愛玲有段文字用來描述這種感覺，也許是合理的解釋：「用別人的錢，即使是父母的遺產，也不如用自己賺來的錢來得自由自在，良心上非常痛快。可是用丈夫的錢，如果愛他的話，那卻是一種快樂，願意想自己是吃他的飯，穿他的衣服。那是女人的傳統權利，即使女人現在有了職業，還是捨不得放棄的。」。

女人要一個男人證明愛，若沒有透過錢似乎就不叫全心全意？同樣送顆鑽石，送什麼品牌、大小都會影響愛的程度。結婚後若是能全權掌握丈夫的帳戶，才覺得自己有保障。我開始對拜金兩字有了不同以往的感觸，也許，女人某方面崇拜金錢並非只是貪圖享受，更多時候是因為知道錢不僅僅能代表愛，還能代表很多愛無法代表的東西。於是當男人愛妳也願意給錢時，也就放棄了自己賺錢的可能，既擁有了愛也有了錢，還需要工作幹嘛？

「是啊，還需要工作幹嘛？」妳重複了這一句，不是肯定，是又一次的疑問。

「也許是為了自由與獨立吧。」我說。「有自己的工作與事業代表的不僅僅是賺錢的能力，更多是擁有選擇的自由與各方面的獨立。

兩情相悅時，錢當然不會是問題。若有天感情生變了呢？失去男人等於失去生存下去的依靠，是委屈自己還是選擇離開？若一直都能獨立工作賺錢，根本用不著委屈。這就是選擇的自由。」。

「所以我們該拜的是自己的金？」妳說。
「從來都是這樣的，毫無疑問。」我笑著回答。「這世上還有什麼比能支配自己的人生更暢快的事嗎？」

我不懂賣 9.9 成新包包的女人的心情，
如同她們不懂我為何要辛苦工作存一筆錢買包。無關乎貴賤，生存之道不同罷了。

23

壞女孩統治的世界

她過著一種我想要卻承受不起的生活；
活出了我渴望卻不敢成為的那種人。
到她的世界裡崇拜她，哪怕只靠近一點點，
也覺得自己的人生不那麼無聊了。

如果說這個世代的女生最早認識的壞女孩是艾薇兒或艾美‧懷斯，
那麼在我的少女時代就是瑪丹娜了。如今，這位壞女孩榜樣已經 57
歲，依然叱吒流行音樂界，依然固定做世界巡演，她甚至擁有很多
人都不知道的一個頭銜：專業藝術品收藏家。她收藏的藝術品之多，
初步估計價值有一億美元以上。是全美 50 大收藏家行列中的一名。

這位來自傳統天主教家庭的孩子，本應照著父親的期待進入大學念
書然後當個律師。卻幹盡了所有驚世駭俗的事，顛覆了眾人的眼球

然後成為流行天后。我總認為像她這樣的壞女孩絕不單單只是壞而已，她一定很聰明，很獨立，很清楚地明白自己最想要的是什麼。狠狠地嘗試任何新鮮刺激的事物，然後做回自己的主人。比起相對乖的女孩，她的壞有一種無以倫比的美與不可取代性。

還有一個不循規蹈矩的壞女孩，在上世紀初，叫做 Coco Chanel，她是情婦是第三者，用情人的錢開了一家專門給名媛訂製的帽子店。一心擠入上流社會，卻不逢迎諂媚。她特立獨行，少與世道妥協，在所有女人都還刻意維持能彰顯權貴的服飾時，她卻最早把自己從禁錮裡解放。所以有了經典的海軍條紋，有了從來就不是流行主旋律的小黑裙，不收邊的毛呢套裝，以及無領的大衣。從孤兒、裁縫、歌女到上流社會的服裝設計師，如果她不夠壞，如果她只做符合大眾期待的好女孩，也許我們就會失去現在的香奈兒。

我身邊有個女孩，從小就聽父母的話，乖巧伶俐，課業超群，長相甜美可人。從不錯的大學畢業後，進入不錯的企業工作，嫁了不錯的老公，生了不錯的孩子。但她卻跟我說：「有天我的小孩長大了，哪怕只是翹了一堂課，我都是羨慕他的。沒有使壞過，成為父母眼中的乖孩子，是因為那樣讓我覺得比較輕鬆。唱反調需要付出代價，我沒有承受的勇氣。」。第一次，我發現乖女孩其實很想變壞，

只是代價與榮譽相比，似乎後者更讓人容易接受。而像我們這種不好不壞的女孩，模模糊糊的，好像唱過幾次反調，做了幾件偷雞摸狗的事，但最終依然需要活在別人的眼皮子底下，循規蹈矩地裝飾自己。

什麼是好？什麼是壞？網路上流傳一則標榜是艾薇兒說的話：「我紋身，抽煙，喝酒，說髒話，但我知道我是好女孩。」艾薇兒本人未曾出面承認過，也沒有主流媒體追溯過這些話的真實性。因此有人懷疑這根本不是她本人的意思，但背後將這段話借艾薇兒之名說出來的女孩肯定是既紋身又抽煙喝酒說髒話，然後在乖女孩那裡栽過跟斗。而這段話也反應出一個問題：行為上的壞與內心裡的好，這看似矛盾的組合是否可能同時存在？

電子商務傳奇 Nasty Gal 創辦人 Sophia Amoruso 在自己半自傳式的書《＃GIRLBOSS》（中文版書名：正妹 CEO ——她從街頭流浪妹變身億萬女老闆）中描述過決心停止靠偷竊過日子的轉捩點：在那次被人臟俱獲之後我終於明白一個道理——我以前嚮往的所謂自由，僅僅是走捷徑和不勞而獲。而那並非真正的自由。於是她開始為生活做起買賣的生意，擅用她拿手的混搭，在網路販售二手市場挑來的古董服飾或舊衣服。透過重新賦予二手服飾新生命，加上有

創意並且有個性的風格，漸漸在社交媒體建立起龐大的粉絲群，也成為年度營收超過一億美元的企業。她從不否認自己以前是個誰都看不起的流浪妹，卻也告誡其他女孩不要走她的來時路。崇拜她的粉絲將她的故事奉為心靈雞湯，似乎在這樣的前提下，也能合理化自己目前的壞。但 Sophia 所謂的不要向她看齊也許意義在於：因為徹底的壞過，所以我知道這不是一件容易的事。必須伴隨更大的成功，你的壞才會變成一種酷。

壞女孩成功了，各個都像傳奇一樣的統治世界。那好女孩呢？除了人生勝利組，似乎也沒有別的形容了。

凱特謎之音

我們崇拜壞女孩的不屑，羨慕好女孩的精緻。

有壞女孩的任性，卻沒有好女孩的命。

24

剩下的理由

剩女雖是名詞，卻有主動與被動之分。
搞清楚自己究竟是被剩下還是主動選擇剩下是件重要的事。
究竟，妳所幻想的幸福生活會不會在彼岸等妳？

北京好閨蜜 A 在今年初與相戀一年多的男友訂婚了。無名指上的求
婚戒跟她一樣閃閃動人。她第一時間傳照片跟我分享，我第一時間
給予祝福。雖然被嫌棄對好消息的冷處理，但實際上很替她開心，
只是不擅長熱情回應罷了。想過去曾陪她走過的低潮，對比如今的
幸福，突然感慨萬千。一個 36 歲的女人，當周遭都為她著急婚事
的時候，只有她自己明白為什麼選擇剩下。

A 有著普世價值觀所認定的女強人該具備的能力，但外表卻更美麗
性感，有著類超模的身材。像她這樣的女人不是沒有人追也不是沒
有戀愛可談，卻在過了三十歲之後漸漸變成大家口中所說的剩女。

同齡人都結婚生子了，她不僅單身還獨居，顯得特別格格不入。偶爾她會打趣地說自己可能孤獨終老，總換來我很確定的說不可能。她問我為什麼這麼肯定？我回答：「因為妳跟我身邊所認識的剩女不同，妳不被動。」

大齡女青年在接受第一次催婚逼問時會很含蓄地說不著急，還沒遇到適合的人。第二次很有風度的加上一句謝謝關心。第三次依然客氣但開始有點小惱怒需要壓抑。第四次跟之後的無數次都只會皮笑肉不笑的含糊帶過，但內心其實是說「干你屁事」。後來想想不對，不能任三姑六婆在那裡指指點點，因此開始拿出典範來佐證自己的未嫁。例如媒體時不時報導四十歲還單身的林志玲、林心如等人，他們是如何過著沒有婚姻卻依然精彩的人生，彷彿自己跟他們同一個陣線聯盟。

從來沒有聽過 A 為自己的剩女身分辯駁，她總是一副氣定神閒的樣子。我想起那些未婚但急於為自己辯護的女人，當他們提出所謂的證明時，有沒有想過自己是不是跟那些例子一樣有著不可動搖的自我價值？這個價值來自於經濟、來自於外表、來自於有能力自行決定所有的事。倘若手中握有的籌碼懸殊，人家叫做單身貴族，妳只配稱剩女。A 就是前者，她認真工作奠下良好的經濟基礎，買房養

車，重視品味和打扮，但不過度揮霍。熱愛結交朋友的她，也會替自己製造場合與機會認識各式各樣的人，豐富眼界與社交圈。有些女人過了三十歲後只跟以前的同學朋友往來，再來就是公司同事。沒有培養嗜好與興趣，也沒有運動習慣，任身材走樣。戀愛分手後，在固定的社交圈子裡一時半會兒也遇不上新人，於是多半被動的等待，卻著魔似的認為「有一天對的人會出現」。（但對的人憑什麼讓你守株待兔？）

我一直相信用什麼方式過生活，生活終究會給你一個與這個方式等同價值的回饋。這個回饋是好是壞？完全取決於你怎麼對待它。A和所有大齡剩女一樣不想因年齡而將就婚姻，但A在等待愛情的過程中從來沒有虧待過自己，尤其沒有辜負過生活和工作。哪怕對的人遲遲不肯出現，自己也能在中間這段日子過得很好。如此風情萬種又認真的女人，自然會吸引和她相同磁場的男人的追求，提高了戀愛的質感，也更有機會往婚姻之路前進。而不是像三流愛情電影那樣，用一枚小鮮肉男友來強調熟女魅力，實際上卻是崩壞大齡剩女的價值。

被動的等待與主動的等待終究還是有區別的。三十歲之後無論是愛情還是工作，都必須從相信算命、星座或聽從朋友家人的建議，成

長到有足夠能力強大自己的決定。剩女的危機從來就不是因為沒有男人或婚姻，而是得過且過，在愛情與工作中都不知道自己該做什麼、想要什麼。十年一過奔四了，結果導致更無法挽回的命運。

把 A 的故事寫進我的文章裡這個念頭已經想了很久。那些精采的街拍照片，好多來自她的鏡頭下。想像不到吧？她竟然很有才華。除了攝影之外，提筆還能作畫。懂生活情趣的女人（男人）多少有著「半專業」的嗜好或興趣，工作之餘讓他們有所寄託。在我身邊，那些獨立自主、事業有成的人幾乎都有這種共同點，他們努力豐富生活的精神恰恰與工作成就成正比。像 A 這樣的人，不僅幸福了自己，還能幸福別人。就算晚一點嫁出去又有什麼關係？

凱特謎之音

只有適合走入婚姻的愛情，沒有適合走入婚姻的年齡。
更重要的是，一個人可以偶爾寂寞，但不能過得不好。

衣 櫃 裡 的 絮 語

打開衣櫃，聽凱特的謎謎之音。
那些必備單品都是有故事有生命有意思的東西。

one-piece 小黑裙

男人喜歡女人又甜又美，但那僅僅只是喜歡。
能讓他們愛的，是穿上小黑裙後又酷又性感高貴的妳。

用一件連身黑色洋裝暫別衣櫃那些紛紛擾擾，專注於美得純粹是必
要的。鍾情小黑裙絕對不會有錯，可以有設計簡約的，也能有細節
相對複雜的。儘管去收集吧，你會需要很多很多。

男朋友破褲 / 韓貨，短靴 /ZARA，拉鍊裝飾包 /3.1 Phillip Lim

牛仔褲

總有一個人，妳面對他的時候老擔心話沒說好，妝沒化好，頭沒梳好，
總也遺憾為什麼沒表現的如想像中那樣的風情萬種。
也總有一個人，妳從來未曾為他講究更多，卻相處的沒有負擔。
好比衣櫃那條牛仔褲，素顏也能套著走。

妳的牛仔褲應該基本要有兩種：男朋友破褲以及緊身貼腿的。前者
舒服隨意，後者修身性感。不管曾經買過多少款式不同的牛仔褲，
每次讓你第一個想到要穿的那兩條請務必留在衣櫃裡，其他，就壓
箱底吧。

圓領 T 恤 /American Apparel，黑裙 /Allen Wang，墨鏡 /police，鏈條包 /Chanel

白色 T 恤

白色 T 恤的純粹好比初次的戀情，
即便多年以後依然無可取代，卻早已不在最重要的位子。

白色 T 恤越簡單越好，不要帶有任何圖案，即便是字母，不過於繁
複的便最百搭，而且永不過時。V 領口不挑臉型與身形，肯定不會
出錯。但復古圓領在這幾年以 80 年代的姿態回歸，文藝的過於時髦。

白襯衫 /Allen Wang，牛仔褲 /Lovebabytwins，鏈條包 /Chanel，墨鏡 /Police

白襯衫

白襯衫應該是白 T 恤與牛仔褲之間的第三者吧？
我是這麼想的。如果對方比自己優秀怎麼辦？
這個問題比被劈腿更具殺傷力，曾經讓我無奈的妥協了。

衣櫃裡應該要有很多種不同材質的白襯衫：雪紡的、真絲的、純棉的，或輕飄飄或硬朗朗。當選定一個下身，卻不知道搭什麼上身的時候，白襯衫永遠可以讓這問題輕易的被終結。它就是這麼神奇的存在。

皮草外套 /ZARA，襯衫 /Bershka，鏈條包 /Chanel，飾品 /H&M，墨鏡 /Linda Farrow

皮草

我總也想不透為何有些人不穿皮草？
那是少有能讓你一秒馬上看起來變華麗的方式啊。

有人說皮草太浮誇了，不敢穿。我說，好吧，就一輩子低調到老吧，
反正妳也無趣。別再跟我扯所謂動物保育的問題，現在都是環保人
工皮草的年代了，假皮草上身，從態度到行動都是真時髦。起碼在
我所認識的時尚人士裡，人人衣櫃都有皮草。

灰色大衣 /moussy，灰色套裝 /Lovebabytwins，手拿包 /EMODA，球鞋 /stan smith，墨鏡 /PRADA

灰色大衣

愛恨分明的人喜歡黑是黑，白是白。灰色那麼曖昧，他們表示不喜歡。
靠近黑多一點是深灰，靠近白多一點是淺灰，
但這深深淺淺的色階才是情感真正的面貌。

灰色大衣比白色耐髒，比黑色不沾毛絮。實用，是我鍾情他的原因
之一。灰色向來也有點與世無爭的感覺，因此高級感自成一格，沒
有黑色的沈重，也不帶白色的華麗。這是真正的中性色才會有的樣
子，大衣，還是灰色的好。

黑色西服 /H&M。黑色窄管褲 /H&M，黑色真絲小吊帶 /MANGO，墨鏡 /PRADA，晚宴包 /ZARA、尖頭高跟鞋 /Christian Louboutin

吸菸裝

偉大的靈魂是一種雌雄同體的狀態。
吸菸裝超越了男性西服的硬朗，也超越了代表女人的性感。

Le Smoking 是 Yves Saint Laurent 最偉大的設計，穿上它，女人就可以永遠置身於潮流之中，因為它體現的是風格，不是流行。

衣櫃裡該要有一套黑西服，搭配黑色的窄管褲，或搭襯衫或搭貼身的小吊帶，甚至是大膽的真空。然後一雙尖頭黑色高跟鞋，一抹紅唇。從此，沒有妳鎮不住的場合。

西裝長版背心 / 韓貨，毛呢長褲 /ZARA，上衣 /ZARA，鏈條包 /Saint Laurentnt Laurent

長版背心

保暖功能有限,更適合拿來裝飾的長版背心像極了政客與明星的婚姻,秀的不是真正的相愛,而是一種看著就開心的爽度。

少掉兩隻袖子的背心,讓身體的靈活度更高,在不冷不熱的天氣裡,若要有些裝飾性大於功能性的單品,它往往就是我的選項。於是從西裝式的長背心,到風衣款的長背心我都各自收集了基礎色系。甚至在冬天與大衣搭配製造層次時,我也會運用上。雖然是一件衣服,但它被當做一件衣服來穿的機會恐怕比當裝飾配件的時候來的少很多很多。

珍珠飾品／輸貨・深色麂絨上衣／ZARA・包／GUCCI・墨鏡／Chloé

珍珠

在香奈兒女士人生中最後的一段日子裡，在麗茲飯店中，陪伴她的是三套米色套裝以及珍珠。為什麼不是鑽石？妳問。我說：「珍珠是自己的，鑽石是準備給男人送的。」

沒有一種飾品能夠贏過珍珠給人的高雅。漂亮的女人很多，高雅的很少，又漂亮又高雅的，更少。把珍珠當做對自己的期許，有它的襯托，至少可以隨時假裝高雅。不管你的珍珠啟蒙者是誰，當開始懂得欣賞它大於鑽石的價值時，表示妳離高雅也不太遠了。

風衣 /ZARA，上衣 /TOPSHOP，牛仔褲 / 韓貨，高跟鞋 /ZARA，提包 /BOYY

風衣

有時慾望需要披上一襲正經的袍子，讓它感覺名正言順些。
你永遠不知道風衣裡面藏了一顆什麼樣的心，除非打開它。

風衣的實用性在於它能自由穿梭於春、秋與初冬季，是衣櫃裡既能
正式又能休閒，季節跨度最高的外套。卡其色不是唯一能選的顏
色，卻可能是你第一個必須要有的顏色。

綁帶高跟涼鞋 /WINDSORSMITH

高跟鞋

記住，穿高跟鞋不是要讓你看起來高，而是上得了檯面。

一個平常再怎麼不講究的女人，也知道在必要時刻需要一雙高跟鞋才算得上完美的道理。對某些人來說是閒置品的東西，對某些人而言卻是必需品，比如我，就是個不折不扣的高跟鞋控。有一點甚微妙，當我們在奚落那些男人看不懂的時尚時，唯獨高跟鞋是他們大多數都覺得美的。

條紋上衣/姐貨‧珍珠鑽石耳釘/Lovebabytwins

條紋衫

條紋是我向他人展現童趣的手法，不是裝可愛的那種。

有一種圖型可以讓人從小穿到老，不僅僅突破年齡限制，也跨越了性別，而且看起來生動活潑，那就是「條紋」。當你以為越成熟就要越單調的時候，卻發現大人偶爾也是很幼稚的。把這樣的幽默寄託在條紋衫身上，它永遠都不會讓你失望。

真皮皮衣 /ZARA，墨鏡 & 包 /Chloé，珍珠耳環 /ZARA

黑色皮衣

公主的高貴不是因為王子，而是身邊那位默默守候的騎士。
騎士的皮衣為公主出生入死，強烈又粗礦對比她身上那份柔美。
高反差也是一種愛，只是內心糾結了點。

衣櫃裡的皮衣非黑色莫屬。外型加上顏色，可以平衡所有太過陰柔
的單品。細節不要太多鉚釘重金屬，適度的拉鍊裝飾與必要的釘扣
處理就很好。翻領吻合各種臉型，小立領挑人稍微注意。合身程度
以穿起來略微緊身卻能活動為主。願大家都有一件好皮衣。

皮草外套 /ZARA，墨鏡 /PRADA

墨鏡

戴著墨鏡看人，本質上跟透過螢幕看人沒兩樣。
都是對方不知道你在看他，以及你也看不清對方真正的長相。

我總給打包行李的女孩建議：戴支墨鏡吧，它不僅僅可以讓妳時髦好看更能讓妳免於尷尬。有些人必須畫眉毛才能出門，有些是眼線，有些是睫毛，有些是唇彩。我什麼都不需要，我需要那些幹嘛？我只要墨鏡。

白色蕾絲上衣 /Lovebabytwins，戒指 /H&M

蕾絲

蕾絲的女人味是誘惑的、華麗的、性感的、神祕的、高貴的。

我願意效忠她一輩子。

像蕾絲這樣的東西，哪怕只是點綴，穿在身上之後都會特別清楚自己是個女人。有什麼不可以？好端端一個女孩子，不要為活得像個女漢子而莫名其妙的驕傲著。純粹的表現女人味不應當就是再正常不過的事嗎？內衣也要挑蕾絲的喔。

Chapter 4.

有 一 種 攝 影 叫 街 拍

離開自拍神器之後，我才真正找到搭配的意義。

白色襯衫/TKstyle・駝色不規則裙/Longlabyrowns・短靴/miss sofi・手袋/Chloé・墨鏡/Balmain・耳環/H&M

KATE
STYLE
60

街拍是透過旁觀者的視角來看落實於生活中的時尚，或整體或細節或態度，一張街拍照片能說的故事往往大於本來要強調的。這是我之所以熱愛街拍的原因。不知道從什麼時候開始，我對街拍照片中毒了。

於是，只有放棄自拍才可以試著從旁觀者的角度看自己的搭配。說來有趣，透過他人鏡頭的捕捉，我發現的是從來未曾見過的自己，那麼真實與生動。

所以我更加確定：有一種攝影，叫街拍。

牛仔襯衫/ZARA，不規則牛仔裙/韓貨，流蘇手拿包/EMODA，魚口短靴/miss sofi，墨鏡/Balmain，耳環/Lovebabytwins

軍綠色大衣/G2000，墨綠色雪紡上衣/ZARA，墨綠色絲絨寬褲/ZARA，墨鏡/Chloe，鏈條包/Gucci，珍珠飾品/韓貨，高跟鞋/ZARA

西服外套 /Lovebabytwins，襯衫 /TKstyle，漸層牛仔褲 / 韓貨，魚口短靴 /miss sofi，手袋 / Saint Laurent，領帶絲巾 /ZARA

內搭褲紋衫‧印花外套‧魚尾裙/UNIQLO x Carine Roitfeld‧墨鏡/Chloe‧手包/Balenciaga

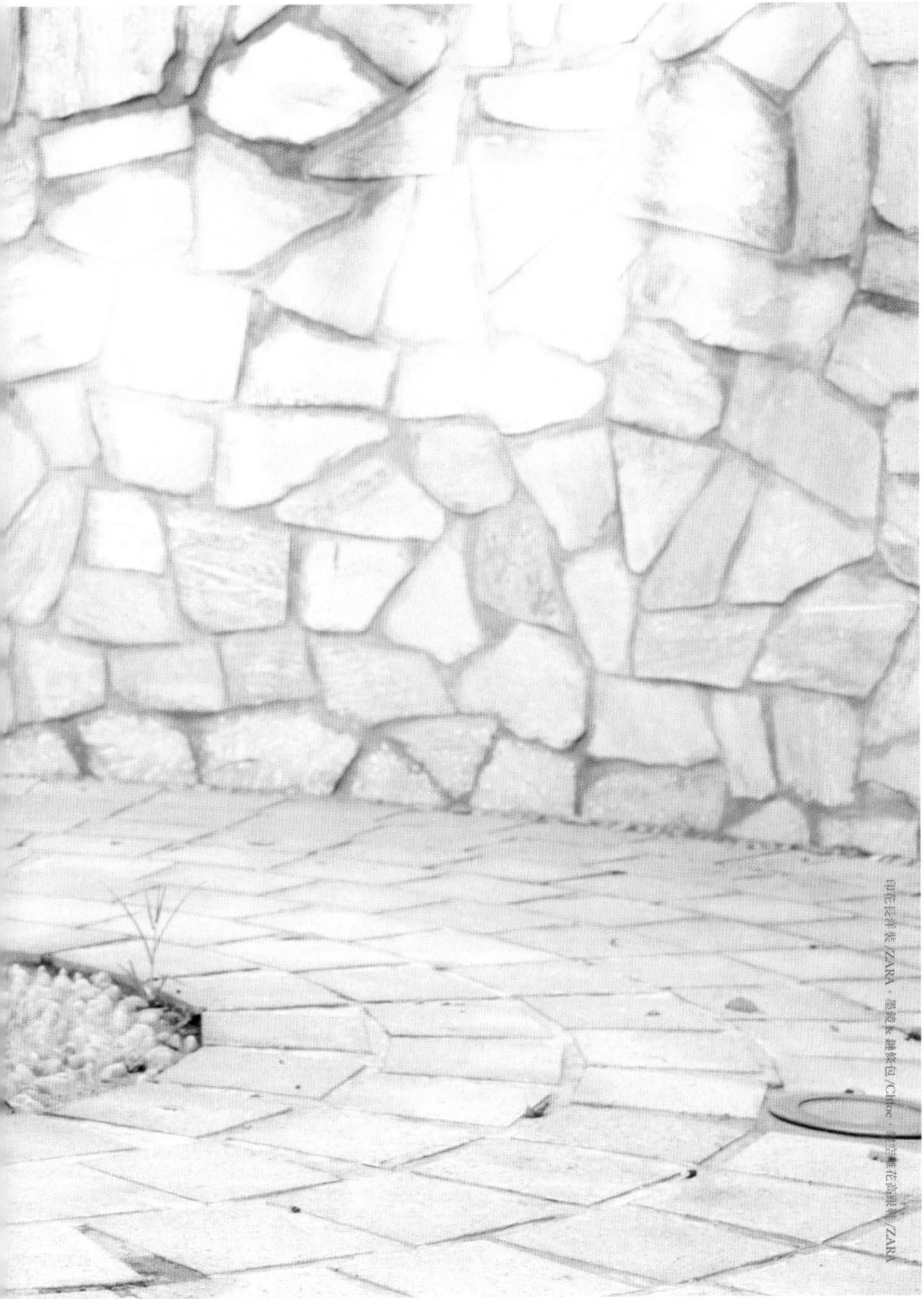

印花長洋裝/ZARA，墨鏡&鏈條包/Chloe，鏤空雕花高跟鞋/ZARA

流蘇喇叭袖襯衫/Lovebabytwins，開岔長裙/ZARA，手袋/Chloé，墨鏡/Chloé

墨綠色長開衫 /Lovebabytwins，黑色襯衫裙 /MURUA，墨鏡 /
Karen Walker，手袋 /3.1 PHILLIP LIM，短靴 /ZARA

橘紅色廓型外套 /ÆMODA，黑色毛衣 /MANGO，皮褲 /
H&M，墨鏡 /Balmain，鏈條包 /Chanel，項鍊 /Forever 21

拼色皮草 /ÆMODA，毛衣 /Me & City、襯衫 /ÆMODA，過膝靴
/ NINE WEST，墨鏡 / Karen Walker，手袋 /3.1 PHILLIP LIM

酒紅色連身裙 /ZARA，印花手拿包 /ZARA，高跟鞋 /TOP
SHOP，眼鏡 /miu miu

灰色大衣 /THEYSKENS' THEORY、毛衣、牛仔褲 /韓貨、短靴 /ZARA、墨鏡 /Gucci、手袋 /3.1 PHILLIP LIM

白色 T 恤/MANGO・蕾絲短裙/ self-portrait・鏈條包 & 墨鏡/Chloé・高跟鞋/miss sofi

上衣／Lovebabytwins · 裙／Allen Wang · 高跟涼鞋／Steve Madden · 墨鏡／MANGO · 包／郭良

拼色皮草外套 /ZARA
襯衫連身長裙 /self-portrait
短靴 /ZARA
墨鏡 本色丿
項鍊 /Vita Fede
包 /Gucci

Left Top 軍外套 /TKstyle，幾何連身裙 /TKstyle，魚嘴高跟短靴 /Pierre Balmain，手袋 /Balenciaga，墨鏡 /Lanvin，Left Bottom 人字紋毛呢外套 /MURUA，千鳥格上衣 /Lovebabytwins，黑色緊身褲 /American Apparel，鏈條包 / 韓貨，墨鏡 /PRADA，短靴 /ZARA，Right Top 橘紅色廓型外套 /EMODA，駝色毛衣 /American Apparel，內搭豹紋襯衫 /H&M，黑色緊身褲 /American Apparel，包 /Chloe，墨鏡 /Gucci，毛領圍巾 / 韓貨，高跟鞋 /Top Sho，Right Bottom 風衣，金屬上衣，不規則裙，短靴 /all by Lovebabytwins，墨鏡 /John Richmond，手袋 /3.1 PHILLIP LIM，飾品 /Vita Fede

西裝長版背心／Eudora．荷葉雪紡衫／ZARA．毛呢寬褲／ZARA．墨鏡／Dior．鏈條包／Saint Laurent

緊身毛線衣／韓貨・外套／Lovebabytwins・短靴／ZARA・鏈條包／Louis Vuitton・墨鏡／Balmain

墨綠色短風衣/TKstyle，復古印花露背洋裝/ZARA，墨鏡/Chloe，鏈條包/Gucci，高跟鞋/miss sofi

粉色拼接襯衫 /EMODA，印花長裙 /alice mccall，高跟涼鞋 /Steve Madden，手拿包 /EMODA，墨鏡 /PRADA

1 2　1. 墨綠色短風衣 /TKstyle，繫帶針織上衣 /ZARA，高腰哈倫褲 /MURUA，印花手拿包 /ZARA，高跟
3 4　鞋 /Jimmy Choo，墨鏡 /MANGO。2. 黑色蕾絲上衣 & 毛呢寬褲 /ZARA，高跟鞋 /ZARA，手袋 /Saint
　　　Laurent，墨鏡 /Lanvin，3. 西服外套，印花襯衫，麂皮排扣過膝裙 /ZARA，短靴 /ZARA，墨鏡 /Chloe，
　　　手袋 /Balenciaga，4. 軍綠連身服 /H&M，金色高跟鞋 /ZARA，手拿包 /ZARA，墨鏡 /Ray-Ban

N3B 外套/Lovebabytwins，襯衫/韓貨，皮褲/H&M，手袋/Balenciaga，墨鏡/Ray-Ban，短靴/韓貨

印花襯衫/ZARA，吊帶褲/H&M，手拿包/ZARA，
大項鍊/TOP SHOP，墨鏡/miu miu

紅色襯衫＆流蘇裙/ZARA，手包/ZARA，綁帶高跟涼鞋/WINDSORSMITH，
墨鏡/Linda Farrow

流蘇麂皮風衣/Bershka，白色繫帶上衣/MANGO，短皮褲/Forever 21，魚嘴釘眼踝靴/Pierre Balmain，手袋/ZARA，墨鏡/Lanvin

豹紋外套 /ZARA，金色毛衣 /MANGO，黑色牛仔褲 /American Apparel，短靴 /ZARA，項鍊 /Forever 21

軍襯衫/韓貨，襯衫/BCBG，傘裙/Lovebabytwins，手拿包/韓貨，高跟鞋/ZARA

繫帶襯衫 /TKstyle，百摺長裙 /ZARA，
手包 /ZARA，綁帶高跟涼鞋 /WINDSORSMITH，
墨鏡 /John Richmond

蕾絲拼接洋裝 / self-portrait，高跟涼鞋 /Gucci，手袋 /Dior，墨鏡 /Linda Farrow

不規則條紋襯衫裙 /Lovebabytwins，黑色牛仔褲 /American Apparel，墨鏡 /Chloe，鏈條包 /Saint Laurent

Uni
No.
Cha

牛仔風衣 /EMODA，蕾絲套裝裙 /Lovebabytwins，高跟鞋 /Alexander Wang，流蘇手拿包 /EMODA，墨鏡 /Gentle monster

白色長背心／Tkstyle，內搭雪紡背心／韓貨，不規則裙／ZARA，綁帶高跟涼鞋／WINDSORSMITH，流蘇手拿包／EMODA

白色套裝/TKstyle · 手拿包/ZARA · 墨鏡/ Genie monster · 高跟涼鞋/ZARA

風衣 /H&M，白色西服外套 /H&M，長褲 /TKstyle，高跟鞋 /Valentino，鏈條包 /BVLGARI，墨鏡 /Karen Walker

灰色大衣 /moussy，透視連身長洋裝 /self-portrait，短靴 /ZARA，墨鏡 /PARDA，鏈條包 / Saint Laurent

西裝長版背心 / Eudora，
襯衫 /ZARA，短皮褲 /Forever 21，
領帶長絲巾 /ZARA，高跟涼鞋 /Gucci，
鏈條包 /Saint Laurent，墨鏡 /PRADA

白色襯衫/Allen Wang，男朋友牛仔褲/Lovebabytwins，綁帶高跟涼鞋/WINDSORSMITH，鏈條包/Chanel，墨鏡/Police

黑色大衣 /韓貨，灰色開岔上衣 /ZARA，灰色毛呢寬褲 /ZARA，鏈條包 /Chanel，墨鏡 /PRADA，高跟鞋 /ZARA

ten 5.

愛 的 小 東 西

HOME sweet home

雖不致於像家居雜誌裡的模範住宅，雖然40歲了依然租屋，卻漸漸覺得把心力花在家裡，打造一個用心居住的地方很必要。東拼西湊把一些老的、新的家具混搭在一起，配上自己收納狂的個性，在北京東三環的二居室空間中終於有個稍微像樣的小窩。兩個大人一隻貓，生活的踏實圓滿。

| Living room |

門後是一個長形的大空間，落地窗是盡頭。光源最好的地方是我每天工作的區域。復古老舊的 L 型皮沙發是客廳的靈魂。大型傢俱決定了整體色系以黑色和深木頭咖啡色為主，例如電視櫃、書架和餐桌。一些工業風的傢俱融入可以平衡擺飾的過度華麗。

工作桌與電腦椅恰恰都是復古工業風。做舊的鏤空雕花木盒子用來收納各種文具用品。
我喜歡用漂亮的東西來做收納器具，而不是只圖整齊。

| Passage |

復古櫃子是鞋櫃。上面的古董托盤用來放置一些雜物或擺飾。我喜歡綠色和白色搭配在一起的花卉，簡單的玻璃瓶子。

| Bedroom |

- 臥室不擺設太多物件,色系越中性越適合我們。
- 兔子是我的生肖。替床頭櫃選燈時一眼就看上。
- 六斗櫃上面放置睡前或換衣服時會使用的保養
  品,以及睡前讀物。

| Closet |

量好衣帽間的尺寸，在 IKEA 自由搭配了一整面有導角櫃的系統衣櫃。因為怕落塵，所以全部都有門，只有配件區是開放式的。飾品收納小抽屜尤其喜歡。

每年兩次替衣櫃換季。能隨手拿到的都是當季衣物或者沒有明顯季節區分的單品。其餘會收納在衣櫃最上方。

| Dresseer Room |

配件區其中一隔間作為香氛與化妝品放
置區。我通常在這裡挑口紅與香水。

另一邊的四門衣櫃有一門為高跟鞋區。
每層 6 雙，共 8 層，總計放入 48 雙鞋。

| Bath Room |

兩間浴室，一間帶浴缸。

淋浴間浴廁最為客用，不擺放私人用品。

浴缸間為私人用。木製小櫃上面是每日保養用品，有臉部與頭髮專用。

玻璃瓶用來收納化妝棉與棉花棒。

開放式六隔間木架，配上天然草編籃，收納某人的保養品、我的髮妝品、吹風機和整髮工具。為了避免沐浴用品散落四處，找了不鏽鋼籃網將他們都裝在一起。也便於打掃清潔。

我的貓，奧斯托·洛夫斯基

奧斯托是一隻被買來拍片用的道具貓，拍完廣告之後被遺棄在片場。某人將她帶回來時頭頂，長滿貓癬，營養不良宛如紙片，嘴裡的牙幾乎掉光，而且是灰色的。收養之後才發現，她天生聽障。

今年是收養的第三年，卻感覺已經和她相處了有十年以上這麼久。她改變了我曾經封閉不想開啟的那部分，一發不可收拾。我沒有氾濫的母愛，但承認自己被她融化。

我的貓有著奇怪的男性俄羅斯名字，卻是隻小母貓。湛藍的眼睛，瘦小的身板，年紀判斷可能有八九歲這麼大了，以至於每天的睡眠時間很長。

不管身邊的毛孩子是透過什麼方式來到你家，牠們回饋你的永遠是用盡一生的愛。在這樣的愛面前，我經常感覺慚愧。

她用一種空降的姿態，旋風式的來到我的生活，曾經令我非常惶恐。而如今我卻開始慢慢害怕她離開的那天。

把妝固定起來的時候到了

身為化妝師，我曾把那些表現在雜誌上或創作上的妝感實現在自己的臉上。流行什麼，臉上就出現什麼。兩年前，開始思考自己的定位，在符合年紀與看起來舒服之間，試圖尋找一個合適自己的妝。

當鮮豔的口紅還沒因韓劇而變成主流的時候，我已經開始收集起紅色唇膏了。同時，大地色眼影愛好成痴，不但收集而且每盤都會使用。

於是日常妝容順理成章就成了你眼前的模樣：利用大地色製造出眼窩與層次，微微上翹的眼線，以及能搭配衣櫃裡 80% 以上服裝的紅色唇膏。

我依然會針對派對或其他主題變換妝容，但生活中需要的是簡單不複雜卻足以能凸顯個人特色的妝感。讓你每天都能快速完成，不擔心化妝浪費太多時間而懶得去打扮自己。化妝是一種禮貌的說法太沒有說服力，因為現實中真的很少人會覺得這是禮儀。我覺得化妝對成熟女人來說體現的是對自我要求的程度，對自己越寬容，表示隨著年齡增加妳放棄的越多。

試著找出自己最迷人的模樣吧，這是妳的責任。

保養難道不是一種哲學？

終於，開始了四字頭人生。別說你不敢相信，我也有點適應不良。
40 歲竟然來的如此之快，沒有一點點防備，倒是有幾分顧慮。

當很多人訝異我的年輕狀態時，我卻覺得這是 20 年堅持下來的收
穫。沒有什麼好炫耀，也沒有什麼好驕傲，一切都只是剛好而已。

村上春樹《關於跑步，我說的其實是……》這本書有個微妙的思考
方向是這樣的：他跑步時，維持健康早已是基礎以外的東西了。當

已經掉了體重、恢復體態後支持你持續做下去的理由是什麼？他說，任何微不足道的舉動，只要日日堅持，從中總會產生出某些類似「觀念」的東西來。

或許你不相信，但這種類似「觀念」的東西就是我所謂的保養。藉由一種持續的習慣讓你的生活型態達到某種相對穩定的狀態，穩定你的內在情緒，外在也會跟著穩定。

這比任何保養品都管用，而且一生受用。

我不是故意把保養說的很哲學，但經過 20 年後，自己體悟出這其實也是一門人生學問。不要因為生活壓力大、節奏緊張就忽略甚至是馬虎行事。每天把基礎保養做徹底，卸妝做徹底，維持運動習慣，累積微小但持續的堅持，歲月就會溫柔的對待妳。

要不，從今天起？

時尚，
只是女人的態度

以穿搭展現自我，知名部落客凱特王最具個人風格的生活主張

作　　　者　凱特王 Kate Wang
主　　　編　林巧涵
北 京 攝 影 師　石子萱 Angela Pliego Shi、曹乙遲
台 北 攝 影 師　鄭豐獻（V.T Studio）
平 面 設 計　小美事設計侍物 Biudesign & Co.
執 行 企 劃　林倩聿

董　事　長　趙政岷
總　編　輯　周湘琦
出　版　者　時報文化出版企業股份有限公司
　　　　　　108019 台北市和平西路三段240號七樓
　　　　　　發行專線（02）2306-6842
　　　　　　讀者服務專線 0800-231-705、（02）2304-7103
　　　　　　讀者服務傳真 （02）2304-6858
　　　　　　郵撥 1934-4724 時報文化出版公司
　　　　　　信箱 10899臺北華江橋郵局第99信箱

時 報 悅 讀 網　www.readingtimes.com.tw
電 子 郵 件 信 箱　books@readingtimes.com.tw
時報風格線粉絲團　https://www.facebook.com/bookstyle2014
法 律 顧 問　理律法律事務所 陳長文律師、李念祖律師
印　　　刷　和楹印刷股份有限公司
初 版 一 刷　2016 年 3 月 25 日
初 版 四 刷　2024 年 6 月 11 日
定　　　價　新台幣 330 元

時尚，只是女人的態度：以穿搭展現自我，知名部落客凱特王最具個人風格的生活主張 / 凱特王作.
初版 . 臺北市：時報文化 , 2016.03 -- （玩藝；29）
ISBN 978-957-13-6570-1(平裝)　1. 時尚 2. 生活指導 3. 女性
541.85　　　　105002705

特別感謝　SHISEIDO PROFESSIONAL　Za　WellDerma

Za
Empower Your Beauty.

CREAM TO POWDER

CC

LONG LASTING
SPF 30 · PA+++

SPF 30 · PA+++
美膚模式CC棒

NEW

毛孔隱形 不懼油光

只要一步驟，美肌今天演出！

Za 最新粉體轉換科技，粉霜到蜜粉一抹完成，
修飾毛孔、智慧控油，從早到晚都細緻粉嫩！

Za Lab
Tokyo · Beijing · Bangkok

加入 Za 粉絲團！　請上 f 搜尋"Za Taiwan"或　　za-cosmetics.com

夢蝸 🐚 WellDerma

韓國皮膚科醫師推薦專業面膜

── 韓國醫美集團 / 專業品牌面膜 / 亞洲區藥妝界愛馬仕 ──

美白、鎮定、舒緩問題肌膚、保濕、修復、祛痘、毛孔緊緻、
緊緻彈力等專業護理面膜,解決各種肌膚問題。

韓國原裝、亞洲區唯一針對問題肌膚
打造超透亮肌膚專業面膜